Stefanie Thiele · Hamburgliebe

buch & media

Stefanie Thiele hat Hamburg im Herzen – und mit Mann und Dackel Regensburg auf dem Briefkopf. Die ausgebildete Hotelfachfrau und Hotelbetriebswirtin führt drei gastronomische Betriebe in der Donaustadt, ist Dozentin an der Hotelfachschule und sitzt im Prüfungsausschuss der IHK. Die Liebe zum Schreiben hatte sie schon in Kindertagen. Nun nutzt sie diese, um ihre Verbundenheit zur Hansestadt auszudrücken.

STEFANIE THIELE

HAMBURG
LiEBE

Geschichten
Gespräche
Gedanken

Originalausgabe September 2020
Buch&media Publishing, München
© 2020 Buch&media GmbH, München
Layout, Satz und Umschlaggestaltung: Johanna Conrad
Gesetzt aus der Adobe Garamond Pro & DIN Schrift
Umschlagvorderseite: Stefanie Thiele
Printed in Europe · ISBN 978-3-95780-200-2

Buch&media GmbH
Merianstraße 24 · 80637 München
Fon 089 13 92 90 46 · Fax 089 13 92 90 65
Weitere Publikationen aus unserem Programm finden Sie auf
www.buchmedia-publishing.de

Kontakt und Bestellungen unter info@buchmedia.de

INHALT

Weltweit gibt es 27
Orte mit dem Namen
`Hamburg.

Diese eine Liebe wird nie zu Ende gehen

Woher kommt meine Liebe zum Norden? Wurde sie mir von meinem aus dem Norden stammenden Opa väterlicherseits in die Wiege gelegt? Wahrscheinlich.

Der zweite Grund ist mütterlicherseits zu finden. Meine Oma erzählte mir, als ich ein Kind war, von ihrer Reise nach Hamburg. Dort übernachtete sie auf St. Pauli in einem Hotel, in dem es nicht einmal ein Bettlaken gab. Sie schlief auf der blanken Matratze. Schon damals dachte ich: »Da muss ich mal hin und mir das anschauen.«

Gleich bei meinem ersten Hamburgbesuch war ich schockverliebt – und jeder weitere Aufenthalt verzauberte mich mehr.

Meine Oma hätte eine Villa in Blankenese erben können, aber es gab eine Auflage: Sie hätte ihren Glauben wechseln und neuapostolisch werden müssen. Das war undenkbar für meine strenggläubige katholische Oma. So ging das Erbe stattdessen an die neuapostolische Kirche. Nun ist sie leider verstorben und ich werde nie wieder ihre wunderbaren Geschichten hören.

Es ist Zeit, in Omas Fußstapfen zu treten: Jetzt erzähle ich Hamburggeschichten und hoffe, ich kann den Lesern damit so viel Freude bereiten wie meine Oma mir.

Kommt mit auf meine Reise durch die Stadt, bei der uns viele Hamburger Gesellschaft leisten.

HAMBURG LIEBE IST WORT GEWANDT

Die Hamburger Sprache

In Hamburg wurde ursprünglich Hamburger Platt, eine Variante des Niederdeutschen, gesprochen. Plattdeutsch war die Verkehrssprache der mittelalterlichen Hanse, ob in Norwegen oder im Baltikum, verhandelt wurde »op platt«.

Hochdeutsch hingegen war fast eine Fremdsprache und wurde nur in der Schule oder im Gottesdienst gesprochen. Da einige Hamburger beide Varianten mischten, entstand das sogenannte »Missingsch«, eine Kombination aus Platt- und Hochdeutsch. Typisch für diese Mischsprache ist das Weglassen des Buchstabens »R« nach Vokalen, zum Beispiel »nomal« statt »normal«.

Hamburgisches Platt ist ein liebenswerter Dialekt, in dessen Genuss man an jeder Ecke kommt, auch wenn die Hamburger an sich ja angeblich mit wenig Worten auskommen sollen und ein »Moin Moin« laut Sprichwort schon ein Heiratsantrag ist.

Wenn der Hamburger sich unterhält, dann »schnackt« oder »klönt« er. Dabei erzählt man sich »Döntjes«, erheiternde Alltagsgeschichten oder amüsante, fiktive Geschichten.

»Happenpappen« ist ein kleiner Imbiss und beim Bäcker gibt's nicht etwa ein Brötchen, sondern ein »Rundstück«. »Buddel« ist die Flasche und Wasser mit Kohlensäure ist in der Hansestadt ein »Selters«. Kommt man in Feierlaune, geht man auf'n »Swutsch«, am liebsten mit seinem »Schietbüdel« (Liebling). Aber man muss aufpassen, dass man nicht »angetütert« nach Hause kommt.

Die Kleinen sind die »Lütten«, der Wischmopp ist der »Feudel« und statt einer Hose trägt man in Hamburg die »Büx«.

Einer, der nicht in die Gänge kommt, ist »drömelich« und ist man »schetterich«, empfiehlt sich ein Arztbesuch.

Hummel, Hummel – Mors, Mors!

Um dieses bekannte Zitat ranken sich einige Gerüchte. Manch einer behauptet, dass es sich um ein Erkennungszeichen für Hamburger in der Fremde handelte. Vor allem

Hans-Hummel-Figur am Hamburger Hauptbahnhof.

antwortet haben, als Kurzform von »Klei mi an'n Mors.« (Hochdeutsch: »Leck mich am Arsch«).

Noch heute gibt es am Rademachergang in der Neustadt den Hummelbrunnen. Verschiedene bunte Hans-Hummel-Figuren sind in der Stadt verteilt (zum Beispiel am Hauptbahnhof oder vor dem Panoptikum auf St. Pauli). Wer einen kleinen Hans Hummel mit nach Hause nehmen möchte, findet diesen in diversen Souvenirläden.

Neu kam der Spruch auf, als die Stadt Hamburg vor über 60 Jahren das Autokennzeichen HH bekam, denn es erinnerte einfach zu sehr an den Gruß. Als Begrüßung sollte man »Hummel, Hummel – Mors, Mors« aber nur verwenden, wenn man definitiv als Nichthamburger auffallen möchte. Für alle anderen reicht immer noch »Moin«. Apropos Nichthamburger: Die Zugezogenen nennt man »Quiddje«.

aber nutzten dies Hamburger Soldaten im Ersten Weltkrieg.

Andere erzählen die Geschichte von einem Wasserträger namens Johann Wilhelm Bentz, dessen Spitzname Hans Hummel war. Kinder liefen ihm während der Arbeit nach und riefen seinen Spottnamen: »Hummel, Hummel«.

Er soll mit »Mors, Mors« geantwortet haben,

> Die Grünen wandelten den Spruch bei der Bürgerschaftswahl 2018 in »Hummel, Hummel – Murks, Murks, kreative Ideen statt alter Rezepte« um.

Interview mit York Pijahn

York Pijahn ist Redakteur, Kolumnist, Moderator, Magazinentwickler und Dozent. Von 2006 bis 2012 war er Chefredakteur des Hamburger Magazins der Süddeutschen Zeitung mit einer Auflage von 1,2 Millionen Exemplaren. Zudem unterrichtet er an der Akademie für Publizistik in Hamburg. Was läge also näher, als mit ihm einmal über Hamburg zu sprechen.

Herr Pijahn, Ihre Kolumne in der »Myself« heißt »100 Zeilen Liebe«. Welche Überschrift hätte eine Kolumne über Hamburg?

Das kommt sehr darauf an, wovon sie handelt. Ich habe mir mit meinem Freund Daniel einmal zusammen alternative Städte-Claims überlegt und er sagte, ein super Werbespruch für Hamburg könnte sein: »Hamburg! Für Sie immer noch: Hamburg!« Ich fände auch gut: »Neues aus der Barbour-Jacke« (das wäre eine Eppendorf-Kolumne), ›The Big Niesel‹ fände ich auch schön, das wäre so eine grüblerische, depressive Stimmungskolumne. Am Ende ist auch eine sozialistische Arbeiterkolumne namens »Hammer & Michel« toll, aber leider geklaut, denn so heißt schon ein Jan-Delay-Album.

Frei nach dem Motto: »Zu dir, zu mir oder zum Fischmarkt?« Wo trifft man Sie in Hamburg und wo garantiert nicht?

Ich war, glaube ich, in den 90ern einmal auf dem Fischmarkt. Ich bin einfach zu schlapp, um bis morgens durchzuhalten. Und mir wird die »Busreise-Musical-Besuchskultur« auch immer ein Rätsel bleiben. Ich habe mal eine Hälfte von »Sister Act« gesehen, es war, als würde man lebendig skalpiert. Wo ich hingegen wirklich dauernd bin, ist das »Abaton« im Uni-Viertel. Das ist ein Restaurant beim gleichnamigen Kino.

Das letzte Hemd hat ja bekanntlich keine Taschen. Wofür lohnt es sich, in Hamburg Geld auszugeben?

Für die Klamotten bei »Ladage & Oelke«, ein hanseatischer Old-School-Laden, und Kleidung aus der ersten Etage vom »Tropenhaus Brendler« (da gibt es Parkas und Seemannsjacken), und auch das Essen im »Café Paris« ist toll. Auch lohnt sich alles, was im »Mojoclub« stattfindet. Und sein Geld in der »Gloria-Bar« zu verprassen, das finde ich auch genau richtig.

Sie waren von 2006 bis 2012 Chefredakteur des Hamburger Magazins der Süddeutschen Zeitung. Wer war die interessanteste Persönlichkeit, die Sie in dieser Zeit getroffen haben?

Rocko Schamoni, das ist keine sehr überraschende Antwort, ich weiß. Alle lieben ihn ja, ich finde vollkommen zurecht. Es fällt mir echt schwer, zu sagen, was ihn so toll macht. Vermutlich ist es eine Mischung aus klug, kreativ, scharfzüngig und sehr gut gekleidet. Er ist einfach ein cooler Hund.

Gibt es aus dieser Zeit auch noch eine Geschichte, die Sie nicht vergessen werden?

Eine Autorin von uns, Sara Mously, ist mit einem Paddelboot von der Alster bis zur Nordsee gefahren. Das war mutig, sie hat toll davon berichtet und man wollte das sofort nachmachen. Touristen denken ja oft, Hamburg läge am Meer. Tut es ja nicht, aber in Saras Text merkt man, wie schön die 100 Kilometer bis zur See sind.

Welche Frage wurde Ihnen in einem Interview noch nie gestellt, obwohl Sie schon lange darauf warten?

Ich stamme ja aus Bielefeld und baue der Stadt, wie ich finde, total berechtigterweise einen Schrein aus Anbetung in meiner Kolumne. Ich habe mich manchmal gefragt, warum ich aus Bielefeld überhaupt weggezogen bin, wenn es dort so toll ist.

Und wie lautet die Antwort darauf?

Ich bin weggezogen, weil meine damalige Freundin in London gelebt hat und ich eine Stadt mit Flughafen brauchte. Und ich wollte auf dicke Hosen machen: »Schau, ich wohne jetzt auch in einer Großstadt!« In Wahrheit denke ich oft, dass das Leben in Bielefeld langfristig auch toll gewesen wäre, nah bei meinen beiden großen Brüdern zu leben und bei meiner Mutter. Na ja, so ist es eben. Andererseits: Hamburg und Berlin sind natürlich tolle Orte, in denen man auf gute Ideen kommt.

Wenn Sie eine Person nach Wahl treffen dürften, egal, ob tot oder lebendig, wer wäre es? Welche wäre Ihre erste Frage?

Ich hatte mal einen Interviewtermin mit John Irving, dem Schriftsteller. Ich musste den Termin aber absagen, weil ich mit dem Hamburg Magazin zu beschäftigt war. Das fand ich damals sehr schade. Irving hat eine kleine Insel, dort wäre ich gern mal und es wäre interessant, wirklich Zeit miteinander zu verbringen, also ein paar Tage. Ich würde ihn fragen, wie er die Spannung in seinen Büchern erzeugt und dann, ob wir was essen wollen. Er sieht aus wie jemand, mit dem man gut essen und trinken kann.

Sie sind Autor, Dozent an der Akademie für Publizistik und auch im Fernsehen zu sehen. Auf was können wir uns als Nächstes von Ihnen freuen?

Das ist jetzt etwas schräg, aber ich habe die Sache, die ich beruflich unbedingt machen wollte, im letzten Jahr gemacht: Die Entwicklung eines Männermagazin, das nicht so auf Testosteron und dicke Autos setzt, sondern auf Freundschaft und Entschleunigung. Das Heft hieß erst »Wolf«, dann »Cord«, dann wurde es eingestellt. Das war mein absolutes Lieblingsprojekt. Und in Zukunft, hm, manchmal denke ich, ein Kinderbuch wäre toll. Aber vielleicht überschätze ich mich hier auch.

Sie leben gerade in Berlin. Was ist in Ihren Augen der Unterschied zwischen den beiden Städten?

Mein Freund Daniel sagt immer, in Berlin ist man schon overdressed, wenn man sich nur die Zähne putzt. Da ist was dran. Hamburg ist viel formeller und dadurch auch nicht so locker. Aber gleichzeitig hat Hamburg dadurch auch etwas sehr Erwachsenes, das Sicherheit gibt.

Die Stadt ist ja so gebaut, dass man über weite Strecken nur durch Schönheit fährt und viele meiner besten Freunde leben dort. Ich finde, Berlin ist nicht so auf die Arbeit fixiert wie Hamburg. In Berlin muss man viel ausblenden – den Dreck, die hässlichen Gebäude, die Armut, um dann zwischen dem ganzen Rummel die Dinge zu sehen, die toll sind. Da sind dann natürlich die Leute mit den oft kurios verquirlten Biografien in Berlin. Und Berlin ist ganz einfach im Vergleich zu Hamburg immer noch billig: Miete, Kita, Essen gehen, in allen Bereichen. Wir könnten uns als Familie mit zwei Kindern ein Leben, sagen wir im Univiertel in Hamburg, kaum leisten. In Berlin ist immer noch mehr Platz.

Sie sind ja auch Vater. Hamburg mit Kind: Ja oder nein? Wenn ja, was kann man erleben?

Natürlich kann man mit Kindern viel Tolles in Hamburg machen. Ich war mit unserem siebenjährigen Sohn gerade auf Hafenrundfahrt, wir waren im Miniatur-wunderland und Schnitzel essen im »Abaton«. Und in »Planten un Blomen« beim Feuerwerk und auf der Schaukel am Westufer der Alster. Er fand all das super. Mein Berliner Freund Nick war mit seiner Tochter, sie ist 8, in Hamburg zu Besuch. Sie sagte: »Ich wusste nicht, dass es so eine schöne Stadt gibt.«

Die Kedelkloppersprook – eine Geheimsprache

Mitte des 19. Jahrhunderts gab es im Hamburger Hafen den Beruf der Kesselklopfer. Diese klopften den Kesselstein, ein Gemisch aus Schmutz, Kalk und Ruß, mit Hämmern aus den Kesseln der Dampfschiffe. Der Berufsstand war nicht sehr angesehen unter den anderen Arbeitern, sie verrichteten quasi die niedrigsten Arbeiten.

Um sich bei der Enge und dem Lärm besser zu verständigen, entwickelten sie ihre eigene Form der Sprache, basierend auf dem Plattdeutschen. Später war diese ebenfalls von Bedeutung, man benutzte sie, um von Hitlertreuen nicht verstanden zu werden oder um in Kriegsgefangenschaft Ausbruchspläne zu schmieden. Der Anlaut bei Konsonanten, also der erste Laut eines Wortes, wird ans Ende gesetzt und ein »I« angehängt. Plattdeutsch: »Hest du al wat eten?« Kedelkloppersprook: »Esthi udi ali atwi eteni?« Hochdeutsch: »Hast du schon etwas gegessen?« Das älteste Tondokument, das die Kedelkloppersprook belegt, ist eine Aufnahme des Sängers Charly Wittong aus dem Jahre 1925. Auch im Film »Große Freiheit Nr. 7« kommen die Kedelklopper vor. Hans Albers singt dort das »Kedelklopperlied«.

Interview mit Susanne Krieg – Frau Elbville

Susanne ist Bloggerin, Autorin und Journalistin mit Wohnsitz in Hamburg. Auf Ihrer Instagram-Seite »frau elbville« hat sie ihre persönliche Liebeserklärung an Hamburg geschaffen. Doch das ist noch nicht alles: Auch in Textform gibt es Susannes Tipps, und zwar auf hamburg-companion.com, ein wundervoller Blog zur schönsten Stadt der Welt. Ich habe mit Susanne gesprochen.

Wie bist du auf die Idee gekommen, die Welt an deinem Leben in Hamburg teilhaben zu lassen?

Über ein paar Umwege. Ich habe erst vor Kurzem das Fotografieren und Bloggen für mich entdeckt. Meine Obsession, die Stadt Hamburg abzulichten und über sie zu schreiben, hat sich erst in den letzten drei Jahren entwickelt und ist inzwischen mehr als nur ein Hobby. Lange habe ich geglaubt, Fotografieren läge mir nicht. Als Reporterin war ich mehrere Jahre für das Print-

Der Park Fiction auf St. Pauli, fotografiert von Susanne.

Magazin GEO in der Welt unterwegs – bis dahin sind meine Texte nur in gedruckter Form erschienen. Damals bin ich immer zusammen mit professionellen Fotografen auf Recherche geschickt worden. Auf diesen Reisen herrschte strenge Arbeitsteilung. Ich war zu-

Eine Treppe im Kontorhausviertel, fotografiert von Susanne.

ständig für den Text. Basta. Doch dann meldete ich mich bei Instagram an und kaufte mir mein erstes iPhone ... Seitdem erkunde ich meinen Heimathafen, vorzugsweise morgens. Andere gehen joggen, ich schwinge mich auf mein rotes Rad und fotografiere mich durch Hamburger Ecken. Doch weil ich immer noch gerne Geschichten erzähle und der Platz auf Instagram einfach zu knapp ist, habe ich kurzerhand meinen Blog ins Leben gerufen.

In deinem Blog schreibst du über eine längst in Vergessenheit geratene Geheimsprache. Das klingt ziemlich spannend. Magst du uns darüber erzählen?

Der Kiezjargon ist wirklich faszinierend. Er ist die Sprache der Zuhälter, Prostituierten und Barbesitzer, mit der sie ihre Gespräche verklausulierten, damit nicht gleich jeder erfuhr, warum es ging. Vor Kurzem entdeckte ich in der Bücherhalle um die Ecke ein Buch, in dem ein Geheimsprachenforscher diese Sprache dokumentiert hat, um sie vor dem Vergessen zu bewahren. Dafür hat er sich lange mit noch lebenden Kiezlegenden unterhalten. Die Begriffe und Redewendungen variieren von krass bis extrem lustig. »Tofte Berber« sind hübsche Mädchen, der »Miefkorb« ist das Bett, und mit »Chicagoschreibmaschine« ist das Maschinengewehr gemeint. Diese Sprache darf bitte nicht aussterben.

Du hast eine Fotosafari entwickelt, die man sich ganz einfach aufs Handy laden und nachmachen kann. Welches ist dein Lieblingsfotomotiv in Hamburg?

Das ist wirklich schwer zu entscheiden. In meinem Guide »Ha-

fenkante« geht es u. a. nach Övelgönne, wo extrem pittoreske alte Kapitänshäuser am Strand stehen. Die liebe ich – und irgendwann, wenn ich im Lotto gewinne, kaufe ich mir eins von ihnen. Aber auch die Speicherstadt mit ihren Backsteinbauten, verwunschenen Fleeten und Brücken ist ein echtes Highlight für mich. Ich denke, dahin wird meine nächste Fotosafari gehen.

Wo trifft man Susanne und wo sicher nicht?

Eigentlich überall. Halt, in der Herbertstraße auf St. Pauli sicher nicht. Denn die ist für Frauen verboten. Es sei denn, es macht einem nichts aus, einen Eimer Wasser (oder Schlimmeres) abzubekommen.

Wie sieht für dich der perfekte Tag in Hamburg aus?

Er fängt mit einem Kaffee in der »Strandperle« an, einem Kiosk, von dem man beste Sicht auf die Elbe, Kräne, Containerterminals und Frachter hat. Dann fahre ich mit dem Fahrrad ein wenig durch Othmarschen und schaue mir Villen von außen an (ich liebe es, mir anderer Leute Häuser anzugucken), in Ottensen gehe ich ein we-

Der berühmte Silbersack auf St. Pauli, fotografiert von Susanne.

Franzbrötchen, fotografiert von Susanne.

nig an der Ottenser Hauptstraße bummeln, dann mache ich mich auf den Weg zu den Landungsbrücken, wo ich mir an der Brücke 10 eins der leckersten Fischbrötchen der Stadt genehmige und springe auf die Fähre der Linie 72 (in Hamburg gehören Fähren zu den öffentlichen Verkehrsmitteln).

Ich fahre rüber zur Elbphilharmonie, besteige die Aussichtsplattform in 33 Meter Höhe, um ein paar Fotos zu machen. Dann schlendere ich durch die nach Kaffeebohnen duftende Speicherstadt hinüber ins Kontorhausviertel. Der Backstein-Expressionismus von Gebäuden wie dem Chilehaus oder dem Sprinkenhof machen mich einfach immer wieder glücklich.

Den Abend beginne ich mit ein paar Tacos in der Taqueria »Mexiko Straße« (Detlev-Bremer-Str.). Dazu gibt es Margaritas, die schmecken wie am Strand von Tulum. Später geht's dann querbeet durch St. Pauli. Die Nacht endet im guten alten »Silbersack«, einer legendären Kneipe, die es seit der Nachkriegszeit gibt und in der zu später Stunde alle, wirklich alle, durchdrehen und anfangen zu tanzen, wenn wieder der etwas staubige Klassiker »Auf der Reeperbahn nachts um halb eins« aus der Jukebox schallt.

Ihr Hamburger liebt ja Franzbrötchen. Was hat es damit auf sich?

Einer Legende zufolge soll sie ein Hamburger Bäcker während der französischen Besatzungszeit unter Napoleon Anfang des 19. Jahrhunderts in einer Pfanne voller Bratfett gebacken haben. Er wollte eigentlich Croissants herstellen.

Aber er verwendete wohl etwas zu viel Butter und Zimt. Die Franzosen sollen gelacht haben. Gegessen haben sie die Dinger trotzdem. Ich liebe sie auch.

Der Nachtjargon

Wenn die Sonne auf St. Pauli unterging, erwachte der Nachtjargon. Er ist die Sprache der Zuhälter, Prostituierten und sonstigen Kiezbewohner. Dr. Klaus Siewert hat diesen Jargon erforscht und in seinem Buch »Hamburgs Nachtjargon: die Sprache auf dem Kiez in St. Pauli« festgehalten. Dazu befragte er Prostituierte und arbeitete für seine Untersuchung eng mit der Kiezgröße Stefan Hentschel zusammen.

Schriftlichkeit ist bei Geheimsprachen fremd, hätte sie doch die Gefahr der Decodierung bedeutet. Eine Geheimsprache ist laut Siewert also nicht eine Sprache, die man nicht versteht, sondern eine, die man nicht verstehen soll.

Viele Begriffe oder Redewendungen des Nachtjargons gehen auf Hamburger Stadtteile zurück. So ist ein »Bergedorfer« ein unsicherer

Typ, von dem man nicht weiß, wo er hingehört. Das Wort wurde vom Namen des Hamburger Stadtteils Bergedorf abgeleitet, das abwechselnd von Hamburg und Berlin regiert wurde. Ein Mensch, der »alles Farmsen vermacht hat«, hat all sein Geld verspielt – eine Anspielung auf die Trabrennbahn in Farmsen.

Aber auch andere Herkunftswörter wurden im Nachtjargon benutzt. Ein »Breslauer« war ein Kunde, der die Preisverhältnisse auf dem Kiez nicht kennt und daher ein leichtes Opfer ist. Die »Tille« war die Prostituierte und hatte einen »Loddel«, einen Zuhälter. War der Zuhälter weiblich, sprach man von einem »Kessmuss«. Ein 50-Pfennig-Stück war ein »Heitack«, eine Mark eine »Miese«, zwei Mark ein »Zwilling« oder auch ein »Beischock« und das Fünf-Mark-Stück war der »Heiermann«. Bei den Scheinen war der

Zehn-Mark-Schein ein »Gutmann«, zwanzig Mark waren ein »Pfund«, fünfzig Mark ein »halbfest Kilo« oder auch ein »Lübecker«, hundert Mark ein »Kilo« oder ein »Blauer«, fünfhundert Mark ein »Brauner«. Hatte man tausend Mark, sprach man von einem »Riesen« oder einer »Telofe«. Konnte der Freier nicht zahlen, war er »schi Lobi«, das heißt: ohne Kohle. Dann konnte er aber immer noch seinen »Geitling« (Ring) oder seine »Ossnick« (Uhr) zur Bezahlung abgeben.

»So, nun lass uns aber mal 'n büsch'n ›Achiele toff‹ fassen.« Sie haben das nicht verstanden? Ganz einfach: etwas gutes Essen fassen.

Noch heute findet man einige der Worte, die einst auf dem Kiez erfunden wurden, in unserer Umgangssprache wieder. Zum Beispiel die »Asche«, die »verbraten« wurde.

Blick von den Tanzenden Türmen auf die Reeperbahn

Interview mit Candy Bukowski

Von Candy Bukowski sind bisher drei Bücher erschienen. Das erste Werk trägt den Namen »Wir waren keine Helden«, danach erschien »Der beste Suizid ist immer noch, sich tot zu leben«, ihr aktuelles Buch trägt den Titel »Eine neutrale Tüte bitte«. Schlüpfrig war gestern: Candy Bukowski erzählt Geschichten direkt von der Reeperbahn, aus dem Herzen von St. Pauli: lustig, berührend und schonungslos ehrlich. Wenn sich ein schüchterner Japaner in eine schwule Porno-Veranstaltung verirrt, prahlende Halbwüchsige an Sexpuppen herumspielen oder sich ein älteres Paar routiniert mit Fetisch-Artikeln eindeckt, dann hat Candy Bukowski wahre Geschichten aus einem Sexshop zusammengetragen, die man ohne Scham genießen kann.

SmileStuff – Ich bin ein Du

Du bist Autorin, Verlagsfrau, Redakteurin, Erotik-Fachberaterin, Reiki-Lehrerin und hast auch schon einmal ein eigenes Kabarettprogramm auf die Bühne gebracht. Das klingt nach einem interessanten Leben. Wie können wir uns deinen Alltag vorstellen?

Sehr schön! Da du als Überschriften zu den Fragen Kapitelblöcke aus meinem Buch »Der beste Suizid ist immer noch, sich tot zu leben« gewählt hast, erklärt sich das fast von selbst.

Es passt eine Menge Vielfalt in den Alltag, wenn man nicht ausschließlich in die Länge, sondern auch in die Breite leben möchte. Ich habe mich immer wieder verändert, bin aber meinen Wurzeln, Interessen und Talenten treu geblieben.

Für den Broterwerb arbeite ich seit einigen Jahren in der Boutique Bizarre, der größten Erotik-Boutique Europas. Da berate ich Menschen rund um ihre Sexualität und finde die Toys, die zu ihnen passen. Das Schreiben lässt sich dort im Social-Media-Bereich ebenso gut einbringen wie ins Autorinnenleben. Rein privat verlasse ich nach Feierabend aber den Kiez und lebe mit meiner 16-jährigen Tochter ganz solide im schönen Barmbek.

Vielleicht ist der Wechsel zwischen den unterschiedlichen Welten das Geheimnis der Machbarkeit. Freiheit braucht auch immer wieder Erdung, sonst verliert man sich.

HardStuff – nur dieses eine Leben

Du bist eigentlich gebürtige Augsburgerin. Wieso hat es dich vor 20 Jahren nach Hamburg verschlagen?

Es hat mich ebenso nach Hamburg verschlagen, wie es mich einige Jahre zuvor an den Bodensee verschlug: Ich war auf der Suche nach mehr und es ergaben sich Möglichkeiten. Die ergeben sich immer plötzlich, wenn man wirklich etwas Neues finden möchte: ein neuer Job, ein neuer Mensch, neue Ideen und Pläne … Und wenn man die Angst vor Veränderung einfach beiseiteschiebt und sich einlässt, probiert man eben aus und es ergibt sich ein neuer Abschnitt, mit dem vorher nicht zu rechnen war. Für Hamburg war der Auslöser damals tatsächlich die Liebe. Allerdings eine mit geringer Haltbarkeit, kurz nach meinem Ankommen ging mir damals der Kerl stiften. Also hatte ich wieder zwei Möglichkeiten: Entweder würde ich frustriert hadern und Hamburg unter Scheitern verbuchen oder ich blieb und machte diese Stadt zu meiner neuen Liebe. Ich habe mich für Zweites entschieden und diese Wahl nie bereut.

Hamburg bietet viel an Freiheit, an Toleranz und Weltoffenheit. Das sind alles Züge, die mir viel bedeuten. Wer ich heute bin, konnte ich vermutlich nur in Hamburg werden. Hier bin ich gereift, bin Mutter und Autorin geworden, ohne gleichzeitig die mir so ungeliebte starre Bürgerlichkeit annehmen zu müssen. Das ist das Schöne an Hamburg: Du kannst »Hanselette« werden, Gucci tragen und in Eppendorf Latte macchiato mit Zahnarztgattinnen trinken. Aber du musst es nicht.

MindStuff – Part of the Game
Was bedeutet das Kiezleben für dich?

Ein Kiez ist ja erst einmal jedes Viertel, das von Menschen als vielfältig, urban und mit seinen außergewöhnlichen Lebensbedingungen als besondere Heimat empfunden wird. Also das politisch eher linksorientierte Dorf mitten in der Großstadt. Das kann auch die wilde Schanze oder das bis zur Unbezahlbarkeit gentrifizierte St. Georg sein. Aber wer, wie ich, sein Herz an St. Pauli verloren hat, der liebt wohl die Ehrlichkeit vom Kiez. Alles Menschliche, dazu zählen der Schmutz und die Schattenseiten, aber eben auch aufrechte Freundschaften, bedingungslose Unterstützung und echte Wertschätzung. Wenn dich St. Pauli einmal aufgenommen hat, dann hast du bewiesen, dass du dich vom ersten Eindruck eines Menschen weder blenden noch abschrecken lässt und auch selbst nicht in Schubladen gesteckt werden möchtest. Dass du für deinen eigenen Erfolg niemanden opferst. Echtes Kiezleben ist fair und die Währung besteht nur selten aus Geld, ist also im wahrsten Sinne des Wortes »unbezahlbar«. Witzig, dass die meisten Menschen genau das – rund um die Reeperbahn – niemals vermuten würden. Und dennoch ist es so, die Menschen, die auf St. Pauli leben und lieben, ticken so. Vielleicht sind wir hier aber auch einfach die letzten verklärten Romantiker, wer weiß?

Der beste Suizid ist immer noch, sich tot zu leben

Welche sind deine Hamburger Lieblingsorte? Und wo trifft man dich sicher nicht?

Man trifft mich mit großer Wahrscheinlichkeit mittags auf einen schnellen Kaffee im »Lieblings« auf St. Pauli oder an einem freien Tag irgendwo vor dem »Café Mey«, wenn ich als Raucherin pflichtbewusst »draußen« schreibe. Wenn alle Touristen weg sind, irgendwann spätnachts an den Landungsbrücken oder in einem der vielen Hamburger Theater. Die sind Glückselixier pur für mich und irgendwann werde ich unbedingt noch 4 Wochen Urlaub opfern, um eine Regie-Hospitanz im Schauspielhaus hinzubekommen. Das ist seit Jahren ein großer Traum. Möglicherweise könnte man mir auch auf der Elbe, Höhe Wedel, zuwinken, wenn mich besonders liebe Freunde hin und wieder auf ihr wunderbares, kleines, fast antikes Segelboot einladen. Ganz sicher trifft man mich selten bei hippen VIP-Italienern in Eppendorf und niemals in Blankenese oder Othmarschen. Extrem dankbar bin ich dem Leben aber auch, dass (leider eher) unglückliche Viertel wie Jenfeld, Mümmelmannsberg u. Ä. ausscheiden.

Das Leben ist kein verdammter Roman

Aus welchem Fehler in deinem Leben hast du gelernt?

Ich habe hoffentlich aus allen Fehlern gelernt, auch wenn viele davon zu ihrer Zeit richtig oder zumindest notwendig waren. Schlimm ist ja eigentlich immer nur der eine Fehler, der sich niemals wirklich »weglernen« lässt: unüberlegte und verletzende Worte, der Satz zu viel, der Satz zu wenig. Verlorene anstatt verschenkte Zeit. Gut gemeint anstatt gut gemacht. All das, was jeder in seiner dunkelsten Herzkammer bereut. Und ich mache da ganz sicher keine Ausnahme.

Auf den ruinierenden Kauf einer aufgeschwatzten Schrottimmobilie im Osten hätte ich aber tatsächlich gut und gerne verzichten können. Manchmal kann dich eine unüberlegte Unterschrift das halbe Leben kosten. Außer, du bist eine Bank, dann lebt es sich wohl ganz gut damit.

RedLightStuff – Big Spender

In deinem neuen Buch »Eine neutrale Tüte bitte« erzählst du Geschichten aus deinem Alltag im Sexshop. Magst du uns auch eine deiner Geschichten verraten?

Ich mag menschliche Geschichten. Alles, was uns berührt und überrascht, weil wir es so an einem bestimmten Ort nicht erwartet hätten. Deshalb schreibe ich und deshalb funktioniert vermutlich »Eine neutrale Tüte bitte« bei den LeserInnen so gut, obwohl dem Titel im Vorfeld »leider keine Zielgruppe« prognostiziert wurde. Aber kugelrunde Rocker, die unter der Kutte Lackfummel tragen, sind eben genauso liebenswert zu betrachten wie die Menschen von nebenan, die sich ihre geheimen Sehnsüchte eingestehen.

Ich liebe es, wenn grundsympathische Touristen aus dörflichen Regionen die »Boutique Bizarre« entern und alles, was sie sehen, mit Sätzen honorieren wie: »Komm, Hilde, schau doch mit rein! Hier gibt's des all's in echt! Die schwarz'n, besonder'n Sachen wie im Tatort und in dene Reportagen!« Oder ein seriöses, gut situiertes Paar aus der Schweiz, das sich nach einem Einkauf von mir mit den Worten verabschiedete: »Merci vielmals, Gott segne und beschütze Sie!« Das sind wunderbare Anekdoten, wie man sie in einem Sexshop nicht vermuten würde. Und davon gibt es natürlich eine Menge.

Es ist ein Buch mit wahren Geschichten geworden, die man ohne Scham überall genießen kann. In denen man sich mit seinen Wünschen, aber vielleicht auch mit seinen Vorurteilen wiederfindet und die man anschließend möglicherweise revidiert. Weil man feststellt, dass es völlig irre ist, sexuelle Themen als billig oder ordinär abzuwerten.

HeartStuff – die Sterne vom Himmel holen

Was sollte man in Hamburg unbedingt einmal gemacht haben?

(*lacht*) Vergiss einfach den ganzen »Elbphilharmonie-und-Strandperle«-Scheiß. Man sollte unbedingt in einer heißen Sommernacht mit seinem Liebsten unten am Hafen »Pollersitzen«. Mit einer kühlen Flasche Astra im Ausschnitt, wild knutschend, während die Elbe gegen die Kaimauer schwappt … das ist legendär. Aber man sollte im Winter mit seinem fröhlichen Kind auch unzählige Male den »Berg«

am Wasserturm mitten im Schanzenpark herunter gerodelt sein.

Oder mit einer Gruppe depressiver UKE-Mitpatienten einen Ausflug aufs Dach des Planetariums machen, um zu lernen, dass doch keiner springt. Man sollte seinen Geburtstag einmal in der einzig wahren Kneipe der Welt, dem »Crazy Horst«, verbracht und dort alle alten Heuler der Musikbox durchgespielt und mitgesungen haben und erst weit nach Sonnenaufgang nach Hause gehen. Und wenn man das wilde Herz Hamburgs auch nur ansatzweise verstehen möchte und selbst über eines verfügt, dann sollte man sich anstatt eines klassischen Reiseführers die DVD »Robert Zimmermann wundert sich über die Liebe« besorgen. Wer nach diesem Film mit Tom Schilling und dem Sound von Element of Crime nicht ganz genau weiß, wie und wo er diese geile Stadt wirklich fühlen kann … der sollte einfach nach Wuppertal fahren.

BluePianoStuff – schöne Aussichten

An welchem Ort in Hamburg hat man die beste Aussicht?

Wer auf Höhe steht, steigt den Michel hoch, fährt auf den Fernsehturm oder lässt sich mit der Ballon-Plattform vor den Deichtorhallen in die Lüfte heben. Was man sieht, ist dann eine Hamburger Miniaturlandschaft. Vergleichbar langweilig, wie es der Blick »von oben« bei fast allen Dingen ist. Mein Tipp für die beste Aussicht geht immer in die Weite, schließlich sind wir hier im Norden. An einem dekadenten »Aperol-Spritz-Tag« bietet das »a.mora« vor dem Hotel Atlantic die schönste Weite. Die Außengastronomie liegt direkt auf dem Alsteranleger, wo man auf Liegen und Sonnenstühlen herumlümmelt und einfach stundenlang den Segelbooten zusieht. Wer es größer, rauer und bodenständiger mag: immer runter an die Elbe! Vielleicht nach Övelgönne – und dort mit einem Bier in der Hand einfach auf den Steinen sitzen und den Frachtern zusehen, oder rüber zu den Docks.

Nichts bläst besser den Kopf durch und nordet einen wieder ein als Größe und Weite. Und dann ist auch ganz persönlich wieder Platz für »beste Aussichten«.

Ich hatte gedacht, sagte sie

Welche Frage wolltest du schon immer mal in einem Interview gestellt bekommen und wie lautet die Antwort?

Verwegen schön wäre vermutlich: »Candy Bukowski, wie fühlt es sich an, über Nacht mit einem Bestseller berühmt geworden zu sein?« Und ich würde dann vermutlich total intellektuell antworten: »Es fühlt sich nett an. Aber ich wage zu behaupten, dass die meisten Autorinnen und Autoren nicht schreiben, um berühmt zu werden. Dann hätten wir versucht, Rockstar zu werden.

80 Prozent unserer Arbeit findet in selbst gewählter Einsamkeit vor einem Laptop statt, 15 Prozent mit dem Warten auf Ablehnungen aus den Lektoraten und die restlichen 5 Prozent bringen mit Glück ein wenig kurzen Medienrummel, der mit Glück Menschen erreicht, die sich über dein Buch freuen. Es bedarf vieler Nächte, damit irgendetwas ›über Nacht‹ passiert. Leben ist Langstreckenlauf, ganz oft auf wunden Füßen. Aber damit hin und wieder auf den Tischen zu tanzen, macht einfach am meisten Spaß.«

HAMBURG LIEBE IST MUSIKA-LISCH

Hans Albers – der große Junge mit den blauen Augen

*1891 in Hamburg
+1960 in Berg

Die Hamburger lieben ihr Volks-idol Hans Albers, den Schauspieler und Sänger. Auf St. Pauli gibt es am Hans-Albers-Platz sogar eine Statue vom »blonden Hans«, die der Künstler Jörg Immenhof er-schaffen hat.

Der jetzige Hans Albers war aber früher ein anderer. Nach einem Streit mit dem Hamburger Senat ließ Immenhof sein Kunstwerk wieder abbauen. Dieses Original steht heute im Medienhafen Düs-seldorf (Hans Albers' Sohn Hans kam dort zur Welt).

Er war einer der Besten aus den Filmen der 1930er- und 40er- Jahre. Neben Marlene Dietrich spielte er sich im Film »Der blaue Engel« in die Herzen der Zuschauer. Unver-gessen sind auch heute noch seine Rollen in »Münchhausen« oder dem Film »Große Freiheit Num-mer 7«.

Keiner konnte das Fernweh so wecken wie er: »Kapitän, nimm mich mit auf die Reise« ist eines seiner berühmtesten Lieder. Auch »La Paloma« oder »Auf der Ree-perbahn nachts um halb eins« sind heute noch Dauerbrenner und Kulturgut auf dem Kiez.

Hans Albers wünschte sich, in Hamburg begraben zu werden. Er wurde auf dem Ohlsdorfer Fried-hof beigesetzt.

Interview mit Albers Ahoi!

Eine Gruppe von Hamburger Jungs lässt Hans Albers und seine Lieder voller Seemannsromantik aufstehen. Johnny, Fiete, HoDi, Fjörn und Hein Mück sind die Band *Albers Ahoi!* und haben für euch Musik im Gepäck. Sie heuern überall dort an, wo die Leute Spaß haben, mitsingen und mitschunkeln wollen. Frei nach dem Motto: »In meinem Herzen, Schatz, da ist viel Platz«, wird *Albers Ahoi!* auch eure Herzen erobern. Wir nehmen euch mit auf ein musikalisches Hans-Albers-Interview mit den Leichtmatrosen.

»In einen Harung jung und schlank, verliebte sich, oh Wunder, ne olle Flunder.«

Und Albers Ahoi! ist verliebt in Hamburg. Warum?

Johnny: Hamburg ist unsere Heimatstadt und wunderschön. Mancher behauptet sogar, Hamburg sei die schönste Stadt der Welt. Auch Hans Albers ist hier geboren und hat die Stadt sein Leben lang aufs Schönste besungen. Die Liebe zu und die Leidenschaft für Hamburg sind ein sehr weit verbreitetes Phänomen und ein Kult, den man weiter pflegen sollte. Und dafür sind die Lieder von Hans Albers wie gemacht.

»Auf der Reeperbahn nachts um halb eins, ob du'n Mädel hast oder hast keins.«

Welche war eure beste Nacht in Hamburg?

Wenn wir uns daran erinnern könnten, wäre es nicht die beste gewesen.

»In einer Sternennacht am Hafen geht'n Seemann niemals schlafen.«

Wo kann man die beste Aussicht auf den Hafen genießen?

Da gibt es mehrere Orte, aber einen besonders schönen Blick auf den Hafen hat man rund um den Altonaer Balkon, oder wenn man über die A 7 aus dem Süden kommend nach Hamburg reinfährt. Am besten in der Dämmerung.

»Auf St. Pauli ist das Leben immer wieder schön.«

Jungs, sagt mal, welche sind eure Lieblingsorte in Hamburg? Wo trifft man euch immer wieder an?

Fiete: Am liebsten bin und spiele ich bei Lukas im »Kleine Haie, große Fische« zu lecker Matjesbrötchen.

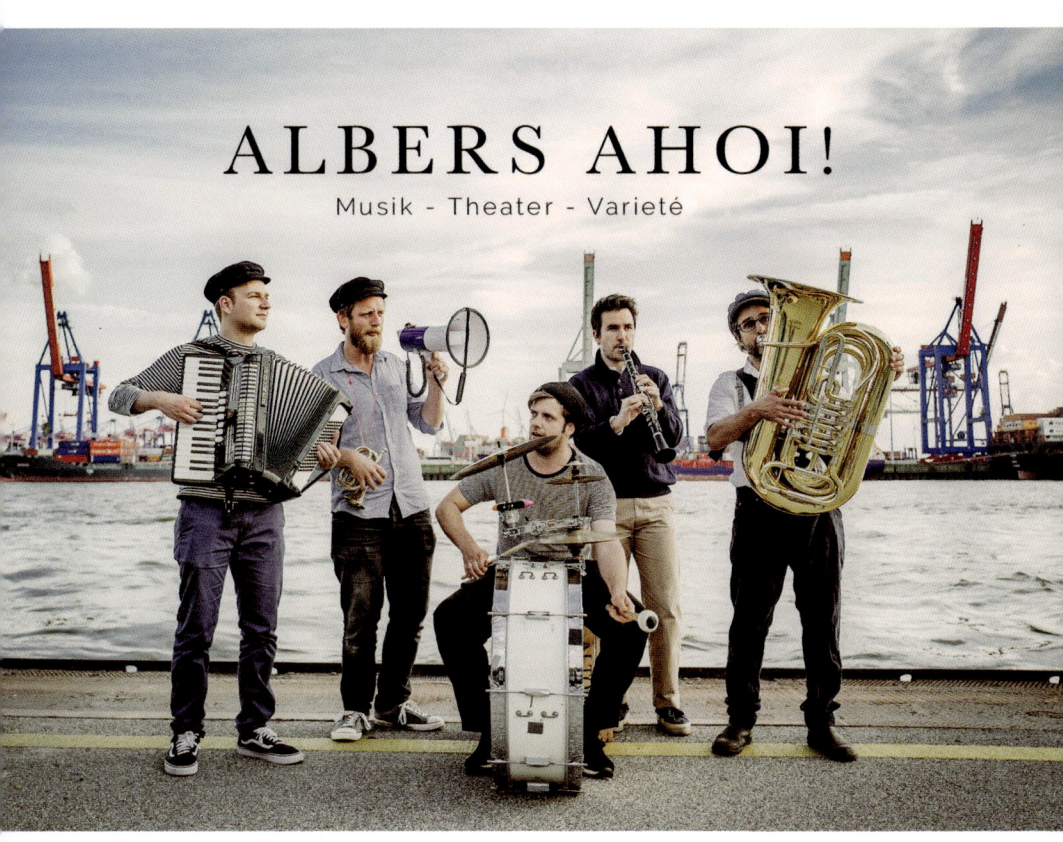

ALBERS AHOI!

Musik - Theater - Varieté

Mück: Für mich ist der Jenisch-park ein perfekter Ort. Hier kann man herrlich Fußball spielen oder über verflossene Liebschaften sin-nieren.

Fjörn: Ich bin gerne auf der Ved-del und in Wilhelmsburg unter-wegs. Es ist schön, wie sich auf der Elbinsel Kulturen und Künstler begegnen und Neues entsteht.

»Mein Junge, halt die Füße still.«

Manchmal braucht man auch eine Auszeit vom hektischen Alltag. Wo könnt ihr euch am besten ent-spannen?

Hamburg hat viele schöne Ecken: Stadtpark, Volkspark und Jenischpark, Elbstrand oder Plan-ten un Bloomen. Aber auch mit-

tendrin findet man entspannende Orte, wie zum Beispiel die Michelwiese im Portugiesenviertel.

»Jawoll, meine Herrn, die Sorgen sind fern. Wir tun, was uns gefällt.«

Wer einmal einen sorgenfreien Tag oder Abend mit Albers Ahoi! verbringen möchte, für welche Gelegenheiten kann man euch buchen?

Für eine volksverhetzende Partei oder Waffenhersteller arbeiten wir nicht, aber für alle anderen sind den Wünschen grundsätzlich erst mal keine Grenzen gesetzt. Anfragen einfach an info@albersahoi.de.

»Auf der Schaukel schweben, das ist wie im Leben, macht Spaß und macht bange und dauert nicht lange.«

Verratet mir doch noch eine interessante oder lustige Geschichte über euch.

Auf langen Autofahrten zu Al-

bers-Ahoi!-Auftritten hat es sich bei uns zur schönen Tradition entwickelt, das Hörbuch zum legendären Roman »Fleisch ist mein Gemüse« vom Hamburger Jung Heinz Strunk zu hören. Je länger wir zusammen als Kapelle unterwegs sind, desto mehr müssen wir lachen, weil uns die eine oder andere beschriebene Situation durchaus bekannt vorkommt. Trotzdem freuen wir uns beim Hören natür-lich immer wieder, dass wir sehr viel schönere Auftritte bestreiten dürfen als die Tanzkapelle »Tiffany's«.

»Und hat das Lebensschiff ein Leck, in Hamburg bleiben wir an Deck.«

Vielen lieben Dank für eure Zeit, wir werden sicherlich noch viel von euch hören.

Sehr gerne! Das hoffen wir. Danke auch und Ahoi!

Die Elbphilharmonie

Das Konzerthaus, liebevoll »Elphi« genannt, ist 110 Meter hoch (der Turm des Michels 132 Meter) und liegt im Stadtteil HafenCity. Bei der Planung hatte man das Ziel, ein neues Wahrzeichen für die Stadt zu schaffen, aber auch ein Kulturdenkmal für alle. Gebaut wurde sie von 2007 bis 2016 und die große Eröffnungsfeier konnte am 11. Januar 2017 stattfinden.

Zusätzlich gibt es in der »Elphi« Wohnungen, Restaurants und ein Hotel. Eigentlich sollte das Bauwerk schon 2010 eröffnet werden, was sich aber immer wieder verzögerte.

DIE ELBPHILHARMONIE
1096 Glaselemente wurden in der Fassade verbaut. Die Orgel der Elphi hat 4812 Pfeifen.

Bei der Grundlagenermittlung plante man mit einem Budget von 77 Millionen Euro, bei Vertragsabschluss kam man schon auf 114 Millionen. Letztendlich beliefen sich die Baukosten auf rund 866 Millionen.

Früher befand sich an dieser Stelle der Kaispeicher A, ein imposantes neugotisches Gebäude. Das Konzerthaus hat ein Gesamtgewicht von 200.000 Tonnen und allein schon der große Konzertsaal in der Mitte des Gebäudes wiegt 12.500 Tonnen.

Wer in der »Elphi« wohnen möchte, hat die Wahl zwischen dem kleinsten Appartement mit 120 qm und dem größten mit einer Fläche von 400 qm. Wenn der Geldbeutel da mitspielt, wird man mit einem wundervollen Ausblick auf die Stadt und den Hafen belohnt. Doch auch nur kurzzeitig kann man dort wohnen, so ist man im Luxushotel »The Westin«

mit 220 Euro für das günstigste Zimmer dabei, die Luxussuite mit 3.000 Euro pro Nacht ist nur etwas für die besonders Betuchten. Die Plaza auf der Elbphilharmonie ist für alle frei zugänglich und bietet ebenfalls einen wunderschönen Ausblick. Achtung: An windigen Tagen kann es dort oben ganz schön frisch werden. Unten holt man sich ein Ticket beim Haupteingang und fährt mit der Tube, einer 80 Meter langen Rolltreppe, nach oben. Über eine zweite, kürzere Rolltreppe erreicht man schließlich die Plaza im 8. Stock, in deren Mitte man durch einen Lichtschacht bis in die Konzertfoyers im 12. und 17. Stock schauen kann.

Wer mehr sehen möchte, bucht eine Führung durch die Elbphilharmonie, welche etwa 15 Euro kostet. Großer Unmut machte sich breit, als die ersten Tickets für Konzerte sofort ausverkauft waren. Gab es neue Tickets, bra-

An der Verlosung der 1000 Karten zum Eröffnungskonzert beteiligten sich 223.000 Menschen.

chen immer wieder die Server der Vorverkaufsstelle zusammen. Dabei kann man in der »Elphi« nicht nur klassische Konzerte genießen, auch andere Künstler wie zum Beispiel Helge Schneider oder Tim Bendzko sind schon dort aufgetreten. Mein Geheimtipp: An den Verkaufsstellen der Restpostentickets sind oft noch kurzfristig Tickets zu ergattern. Und auch an der Abendkasse sind verein-

zelt noch Karten zu bekommen. Wer also spontan ist und die Augen offen hält, kann sich eines der begehrten Tickets sichern. Vielleicht ergattert man ja auch eines für einen der 20 begehrten und extrabreiten Kuschelsessel, welche kreisförmig um die Bühne angeordnet sind?

Übrigens hatte die Elphi 2017 mehr Besucher als Neuschwanstein.

Interview mit Noah von Berg

Wer ist Noah? Was machst du, wenn du nicht gerade schöne Musik machst? Und wie bist du zur Musik gekommen?

Ich bin Noah. Meine erste und größte Liebe ist die Musik. Mit 12 Jahren habe ich Green Day entdeckt, ich kaufte mir eine Gitarre und später ein Schlagzeug und begann, meine Lieblingslieder nachzuspielen. Mit 14 lernte ich über Facebook einen Jungen kennen, der genau wie ich unbedingt eine Band gründen wollte. Nach wenigen Gesprächen hatten wir schon eine Band gegründet: mit Logo, Namen und allem, was ein Teenagerherz höherschlagen lässt. Das einzige Manko lag darin, dass er in Düsseldorf lebte, während ich im Schwarzwald bei meinen Eltern wohnte. Unsere Konzerte waren somit gewissermaßen auch immer Proben, weil wir sonst wenig Zeit dafür hatten. Man hat das, glaube ich, gehört, aber es war eine der witzigsten Zeiten meines Lebens. Und es war auch die Zeit, in der ich zum ersten Mal erfahren habe, wie es sich anfühlt, vor Menschen zu spielen. Später beschäftigte ich mich mit Nirvana, den Beatles und Bob Dylan und drang immer weiter in die Welt der Musik ein, in der ich heute immer noch jeden Tag neue Musiker kennenlerne. Gerade höre ich sehr viel Musik von dem russischen Barden Vladimir Vysotsky. Seit sich unsere Band getrennt hat, habe ich nicht mehr in einer gespielt und wurde gewissermaßen zu einem musikalischen Einzelgänger, was nicht unbedingt schlecht war. Letzte Woche habe ich aber einen Jungen auf der Toilette im »Molotow« kennengelernt. Er sucht eine Band, mit der er sein Album spielen kann.

Wer weiß.

Da ich die Musik besonders als ewige Antwort auf mein Leben sehe, könnte ich jedoch nicht nur Zeit mit ihr allein zubringen. Ich nehme an, mir würde es an Fragen fehlen, die ich mit ihr beantworten könnte. Deswegen widme ich meine Zeit auch vielen anderen Dingen. Ich arbeite nebenbei als Sanitäter im UKE und versuche gerade, einen Medizinstudienplatz zu ergattern, was sich als die bisher schwerste Aufgabe meines jungen Lebens herausstellt. Ich liebe auch das Tanzen und das Kung Fu. Weiterhin bin ich der Schüler eines Philosophen in Bergisch Gladbach. Ich besuche diesen oft und die Zeit bei ihm ist immer sehr schön.

In einem deiner Lieder singst du über einen Abend an der Alster. Wo ist für dich der perfekte Ort an der Alster und wie könnte so ein Abend aussehen?

Der Ort, über den ich dieses Lied geschrieben habe, liegt am Uhlenhorster Ufer der Alster. Für mich ist dies einer der schönsten Orte, da ich hier auf eine bestimmte Art das Gefühl habe, ich befände mich auf einer Insel, die nah der Stadt gelegen auf den Trubel schaut.

Man blickt aus den Bäumen und Sträuchern heraus auf die Alster und sieht in der Ferne die Kennedybrücke, den Fernsehturm und manchmal den Rauch des Hafens. Ich habe genau an diesem Ort einige Abende verbracht. Die meisten verbrachte ich mit Musikmachen. Es gibt nichts Schöneres, als im Hellen mit der Musik zu beginnen und, während der Himmel immer dunkler wird und die Stadt immer heller, einfach weiter zu machen. Und ganz gebannt zu sein zwischen dem Anblick von Hamburg, dem Klang der Musik und manchmal von Fledermäusen, die im Dunkeln über das Ufer fliegen.

Du hast deine Songs selbst geschrieben. Was inspiriert dich? Wie findest du die passenden Themen?

Mich inspiriert eigentlich alles, was mir über den Weg läuft. Die Lieder sind für mich die letzte Chance, etwas festzuhalten, was mir sonst für immer entgehen würde. Sie schaffen es gewissermaßen, den Moment kurz anzuhalten. Für den Moment, in dem ich die Lieder schreibe, steht die Zeit kurz still. Das ist eines der beruhigendsten Gefühle, das ich kenne.

Wie lebt es sich denn so in der Perle Hamburg?

Es ist die aufregendste Zeit meines Lebens. Ich sehe jeden Tag so viele Menschen, es ist unglaublich.

Ich bin jeden Tag verliebt in das Antlitz dieser wunderschönen Stadt und gleichzeitig verliebt in die verschiedensten Menschen, die dort leben. Ich liebe meine Radfahrten entlang der Alster. Ich liebe den Trubel von St. Pauli, samstagnachts, wenn sich jeder Fremde innerhalb Sekunden in einen Bekannten verwandeln kann. Ich liebe Franzbrötchen. Ich liebe so Vieles …

Wo findet man dich in Hamburg und wo sicher nicht?

Man findet mich entlang der Alster. Vermutlich eine Zigarette rauchend, mit ernstem Blick und nicht so ernsten Gedanken in die Ferne schauend. Man findet mich am Hafen, die Schiffe beobachtend und mit dem Gedanken spielend, auf eins auf zu steigen und einfach mitzufahren. Man findet mich im Stadtpark, in meinem kleinen Wald. Auf Baumstämmen sitzend und etwas lesen. Man findet mich samstagmorgens (eher mittags), mit meiner Freun-

Sonnenuntergang in Hamburg, fotografiert von Noah.

din auf dem Schanzenflohmarkt, auf dem sie mir vermutlich gerade eine Jacke anhält und ich bereits nach den Platten Ausschau halte. Man findet mich samstagabends im »Molotow«, alleine oder mit Freunden, tanzend. Man findet mich auf dem Kiez bei der Pizzeria »Alt«, wo ich die leckerste Pizza für 2 Euro esse. Und manchmal findet man mich zu Hause auf der Uhlenhorst, wobei das wirklich nicht so schwer ist, da wir immer noch keine Vorhänge haben.

Dein ultimativer Tipp für alle, die nach Hamburg reisen?

Holt euch ein Fahrrad. Sucht die Kennedybrücke. Fahrt von dort aus hin, wo ihr es am schönsten findet. Wenn ihr den Windrädern folgt, werdet ihr irgendwann am Hafen ankommen. Schaut euch dort die Speicherstadt an und lasst eurer Fantasie freien Lauf. Geht in die HafenCity und schaut euch die Boote dort an. Wenn es warm ist, sucht jemanden, der ein Kanu hat und durchquert Hamburg durch seine Flüsse. Nehmt was zu essen mit und eine Musikbox und ihr könntet den schönsten Tag eures Lebens haben. Geht abends kurz vor Sonnenuntergang zum Altonaer Balkon und schaut euch von dort die Hafenkräne an. Und wenn ihr schon mal in Altona seid, holt euch bei IKEA einen Hotdog, schlendert über die Große Bergstraße und macht euch klar, dass Altona mal die zweitgrößte Stadt Dänemarks war. Nachts, wenn euch der Hotdog gestärkt hat, wandert ihr wieder in das Stadtinnere. Wenn ihr auf St. Pauli ankommt, gibt es unterschiedliche Möglichkeiten. Die »kleinraumdisko« ist cool, wenn ihr ein paar Bier trinken wollt und einen guten Musikgeschmack habt. Der »Komet« ist für alle inspirierend, die eine Zeitreise in die 50er- und 60er-Jahre machen wollen. Der »Goldene Pudel« ist immer unberechenbar und das »Molotow« ist mein Lieblingsklub.

Was sollten wir noch über dich wissen?

An Sommertagen spiele ich manchmal auf den Straßen Musik. Vielleicht laufen wir uns bald über den Weg.

Die Beatles in Hamburg

Den Grundstein ihrer Karriere legten die damals noch völlig unbekannten Musiker aus England in der Hansestadt von 1960 bis 1962.

Zunächst traten sie ohne eigene Songs auf. Erst 1962 veröffentlichten sie ihre erste Single »Love me do«. Am Anfang ihrer Karriere wollte die Jungs erst keiner hören, später nahm die Verehrung der Beatles von manchen Fans regelrecht hysterische Züge an.

Auf St. Pauli nahm alles seinen Anfang. Man kann dort eine Runde drehen und die ehemaligen Orte der Beatles besuchen. Kommt mit auf eine kleine Zeitreise.

John Lennon sagte einst: »Ich bin in Liverpool geboren, aber in Hamburg groß geworden.«

Indra Club

Am 17. August 1960 traten die Beatles zum ersten Mal auf der Bühne des »Indra Clubs« in Hamburg auf. Der Besitzer suchte nach englischen Musikgruppen und brachte somit die Pilzköpfe ins Spiel. Hören wollte die Band damals niemand, sie wurden sogar ausgepfiffen.

John Lennon, Paul McCartney, George Harrison, Stuart Suttcliffe und der neue Schlagzeuger Pete Best waren dazu gebucht worden, um eine »Schau« zu machen. 48 Auftritte hatten die Bea-

tles im »Indra«, bevor es wegen Beschwerden der Nachbarn geschlossen werden musste. Die damaligen Auftritte lassen sich mit den kurzen Konzerten in der heutigen Zeit nicht vergleichen. Unter der Woche waren die Beatles für 4,5 Stunden und am Wochenende sogar für 6 Stunden gebucht. Manchmal lagen die Bandmitglieder sogar auf der Bühne, während sie weiterspielten. Man erzählt sich, dass sie (bis auf Pete) Aufputschmittel nahmen, um dieses Pensum zu schaffen. Die Gage betrug 30 DM pro Kopf und Tag. Der »Indra Club« befindet sich neben dem »Grünspan« auf St. Pauli. Noch heute finden dort Beatles-Revival-Konzerte statt und der Club ist für Fans eine Kultstätte.

Den »Indra Club« findet man auf der Großen Freiheit 64.

Kaiserkeller

Nach ihrem Engagement im »Indra Club« wechselten die Beatles in den »Kaiserkeller«, der demselben Besitzer gehörte, und spielten ganze 58 Abende dort. Hier lernten sie auch Ringo Starr kennen, der aber erst 1962 Drummer bei den Beatles wurde. Eigene Songs hatten sie damals noch nicht und spielten von moderner Tanzmusik bis hin zu Pfadfinderliedern alles.

Auch Astrid Kirchherr lernten die Beatles im »Kaiserkeller« kennen. Wer das ist? Die Dame verpasste den Beatles später ihren Pilzhaarschnitt.

Am 30. November 1960 war der letzte Auftritt der Band im »Kaiserkeller« zu erleben. Dieser fand ohne George Harrison statt, den man zuvor abgeschoben hatte – er war erst 17 Jahre alt und somit zu jung für die Arbeit in Nachtklubs.

Den »Kaiserkeller« gibt es noch heute, er liegt gleich in der Nähe des »Indra« auf der **Großen Freiheit 36.**

Top Ten Club – heute: Mondoo Club

Nachdem die Band Deutschland verlassen musste (Paul und Pete wurden der Brandstiftung verdächtigt), kehrte sie am 1. April 1961 wieder zurück. Ganze 92 Auftritte in Folge bestritten die Jungs im »Top Ten Club«. Die Konzertzeiten waren noch länger als zuvor, 7 Stunden unter der Woche und 8 Stunden am Wochenende.

In diesem rosa Haus fanden die Beatles dann ihren eigenen Stil. Auch viele andere bekannte Musiker wie Elton John traten hier schon auf. Von 1984 bis 1995 betrieb dann Kiezlegende Kalle Schwensen den Club, der seinen Standort auf der **Reeperbahn 136** hat.

Star-Club

Am 13. April 1962 wurden die Beatles für 7 Wochen vom neu eröffneten »Star-Club« gebucht. Danach wurden sie dort für noch eine Serie von 2 mal 14 Konzerten engagiert. Am 31. Dezember 1962 war ihr letzter Akkord im »Star-Club« zu hören. Die Gage fiel hier auch schon höher aus: 500 DM pro Kopf und Woche am Anfang und im Dezember schon

zu früher deutlich verbessert. Sie nächtigten nun im »Hotel Pacific«, das man noch heute am Neuen Pferdemarkt findet.

Danach kehrte Ruhe um die Pilzköpfe in der Hansestadt ein. Erst 1966 kehrten sie zurück, um zwei kleine Konzerte zu je 30 Minuten zu spielen. Diese beiden Auftritte sollten auch die letzten regulären der Beatles auf einer europäischen Bühne werden.

Rechts von der »Olivia-Jones-Bar« führt ein Durchgang zu einem kleinen Hinterhof, in dem sich der »Star-Club« befand. Leider erinnert hier heute nur noch eine Gedenktafel an die damaligen Zeiten. Anschauen kann man sie hier: **Große Freiheit 39.**

Bambi Kino

Der Inhaber des »Indra-Clubs« und des »Kaiserkellers«, Bruno Koschmider, brachte die Jungs in zwei fensterlosen Räumen mit knapp 16 Quadratmetern in seinem Kino in der Paul-Roosen-Straße unter. Die Zimmer befanden sich genau hinter der Leinwand des Kinosaals, ob dies ihnen also nachts Erholung bot, bleibt fraglich. Auch die Hygienebedingungen waren nicht opti-

700 DM pro Kopf und Woche. Die Betreiber konnten es sich leisten, denn angeblich lag der Umsatz des Clubs im ersten Monat bei 250.000 Mark. Circa eine Million Besucher kamen jedes Jahr in den »Star-Club«.

Auch die Wohnsituation der Beatles hatte sich im Gegensatz

HIER WOHNTEN DIE BEATLES 1960

mal: Es gab lediglich ein Waschbecken auf der Toilette, die auch die Kinobesucher benutzten.

Heute befinden sich im Kino mehrere Wohnungen. Fans bleibt nur noch ein kleines Schild neben der Tür zu bewundern in der **Paul-Roosen-Straße 33.**

Strawberry Fields heißt das Gelände eines ehemaligen Waisenhauses, auf dem John Lennon als Kind spielte.

Beatles-Platz

Die Idee für den Platz hatte nicht etwa die Stadt, sondern der private Radiosender Oldie 95. Ab 2005 fand dieser Sponsoren und sammelte Spenden, letztendlich gab auch die Stadt Hamburg ihren Teil dazu.

Der 2008 erbaute, kreisrunde Beatles-Platz hat einen schwarzen Bodenbelag, der an das Vinyl einer Schallplatte erinnern soll. Da-

rauf stehen 5 Silhouetten aus Metall, von einigen Bewohnern liebevoll »Keksausstecher« genannt. In die goldenen Rillen der Schallplatte sind die bekanntesten Hits der Beatles eingraviert.

Die Musiker mit ihren Instrumenten sind nur in Umrissen gestaltet, so wollte man die schwierige Darstellung zweier Schlagzeuger (zunächst Pete Best, später Ringo Starr) umgehen. So kann sich jeder selbst vorstellen, welchen Drummer er dort sehen möchte.

Die fünfte Silhouette steht etwas abseits der 4 Hauptpersonen und symbolisiert den Anfang der Band, als sie mit Stuart Sutcliffe noch aus fünf Musikern bestand. Der Beatles-Platz liegt auf der **Reeperbahn 174.**

Gretel & Alfons

Die Kultkneipe nutzten die Beatles als Wohnzimmer, wenn sie nach getaner Arbeit noch einen Absacker brauchten. Paul McCartney hinterließ dort einen gehörigen Schuldenberg, kam aber 1989 zurück, um diesen zu begleichen. 27 Jahre später zahlte er Zins obendrauf und signierte auch ein Poster, das heute noch im Lokal hängt.

Hier kann man den Kiez noch in seiner ursprünglichen Form erleben. Das Lokal hat sich im Laufe der Jahre kaum verändert. Mit seinen Steuerrädern, Schiffsbildern und Schiffsmodellen spiegelt es die Nähe zum Hafen wider. Zu hören sind hier heute Schlager. Das »Gretel & Alfons« findet man auf der **Großen Freiheit 29.**

Musikalische Veranstaltungen in Hamburg

Hamburg bietet etwas für jeden musikalischen Geschmack. Die Stadt ist nicht nur Deutschlands Musical-Stadt und lockt jährlich mit vielen Konzerten. Auch bei diversen Festivals wie dem MS Dockville in Wilhelmsburg mit dem dazugehörigen Vogelball, ein Maskenball mit viel Tanz und Glitzer, dem Reeperbahnfestival oder dem Hamburger Kultursommer kommen Musikliebhaber auf ihre Kosten.

Die Geister scheiden sich beim jährlichen Schlagermove, der mit einer Parade vom Heiligengeistfeld über den Hafen bis hin zur Reeperbahn führt. Für Schlagerliebhaber ist es die Veranstaltung des Jahres, für die Anwohner hingegen die größte Katastrophe, was nicht zuletzt den Wildpinklern und den hinterlassenen Müllbergen zu verdanken ist.

Interview mit Lena und Soi vom projekt:tanz

Apropos Tanzen. Ein Tanzprojekt der besonderen Art haben diese Hamburgerinnen ins Leben gerufen. Davon werden die beiden uns erzählen.

Lena und Soi, ihr habt in Hamburg das projekt:tanz. Erzählt uns doch einmal davon und wie ihr auf die Idee gekommen seid.

Soi: Projekt:tanz ist ein Tanzangebot für Menschen mit Parkinson. Unser Team ist in verschiedenen Stadtteilen unterwegs und unterrichtet dort regelmäßig Tanzgruppen für Erkrankte und ihre Angehörigen. Auch in Selbsthilfegruppen der deutschen Parkinson-Vereinigung und in Krankenhäusern sind wir aktiv.

Lena: Ich habe damals in Freiburg im Breisgau gelebt und bin durch Zufall dazu gekommen, eine Gruppe mit Erkrankten zu unterrichten. Es war wie ein Wink mit einem riesigen Zaunpfahl und ich musste nur Ja sagen. Ich war zu Beginn total unsicher und habe mir das gar nicht zugetraut, weil ich keinerlei Erfahrung oder Berührungspunkte mit Parkinson hatte.

Aber die Selbsthilfegruppe, die eine Doktorarbeit zum Thema »Tanzen mit Parkinson« begleitet hatte, wollte danach unbedingt weitertanzen und hat die Tanzschule angesprochen, in der ich damals gearbeitet habe. Lustigerweise kam die erste Anfrage am Tag meines Vorstellungsgespräches und die zweite dann erst 4 Wochen später, als ich die Zusage für den Job hatte und wieder dort war. Es war wie eine Fügung des Schicksals. Die Gruppe hat mir dann sehr geholfen und mir durch ihr Feedback gezeigt, welche Übungen hilfreich sind und welche nicht.

Soi: Ich habe damals auf Facebook die Ankündigung eines Workshops »Tanzen für Menschen mit Parkinson« gesehen und fand das total spannend. Dann habe ich mitgemacht und gesehen, wie toll das ist und Lena gefragt, ob sie nicht zufällig Hilfe oder eine Assistentin braucht. Nach und nach ist das Projekt gewachsen und wir haben Anfang 2016 entschieden, dass wir einen Verein gründen wollen.

Euer Projekt ist ein eingetragener Verein. Wer euch unterstützen möchte, kann das wie tun?

Lena: Wir haben unseren Verein im April 2016 gegründet, da wir eine so große Nachfrage und Ideen für Projekte hatten, musste eine Rechtsform her, um das alles zu finanzieren. Das hat bis jetzt auch super geklappt und wir haben mit Spenden- und Fördergeldern nicht nur eine DVD mit Übungen zum Mitmachen für zu Hause gedreht, sondern auch ein richtiges Tanztheater auf die Bühne

gebracht. Leider ist der bürokratische Aufwand sehr hoch und unser Team zerstreut sich etwas durch Heirat, Umzug in andere Städte und Nachwuchs. Deshalb haben wir uns ein neues Konzept ausgedacht, mit dem wir weiterhin Tanzunterricht und Projekte anbieten können, wir aber nicht abhängig vom Verein und dem bürokratischen Aufwand sind. Der Verein wird also dieses Jahr aufgelöst und wir bleiben als das Netzwerk »projekt:tanz« zusammen. Unterstützen kann man uns durch Teilnahme an unseren Tanzkursen, Projektfördergelder und ganz viel Weitererzählen. Wir kommen auch gerne für Workshops und Vorträge in andere Städte.

Was war das schönste Erlebnis, das ihr bei eurer Arbeit hattet?

Soi: Am Ende fast jeder Stunde sagt mindestens einer der Teilnehmer, wie gut ihm das tut und was für eine Bereicherung das Tanzen für ihn ist! Ein besonderes Erlebnis war jedoch das Tanztheater zur Aufklärung von Morbus Parkinson, das wir vor einem Jahr aufgeführt haben. Das war eine sehr schöne, intensive Arbeit und das Ergebnis kam bei allen so gut an.

projekt:tanz e.V.
Tanzen mit Parkinson

Lena: Es gibt so viele intime und wunderbare Ereignisse in der Arbeit mit schwer kranken Menschen. Diese Menschen sind zwar krank, geben aber herzliches Feedback und genießen jeden Moment der Tanzstunden. Es ist jedes Mal aufs Neue ein schönes Erlebnis.

Mein Buch heißt ja »Hamburgliebe«. Warum seid ihr beide verliebt in Hamburg?

Soi: Hamburg hat einfach alles! Schicke Ecken, ranzige Ecken, den Hafen, die Alster, Weltoffenheit, Toleranz. Es ist die schönste Stadt der Welt.

Lena: Ich komme aus Süddeutschland und wollte schon als Kind gerne im Norden wohnen. Ich liebe die Weite, den Horizont, die Nähe zum Meer und tatsächlich auch das Wetter. Hamburg vereint für mich Leben in der Großstadt, viele Möglichkeiten und Weltoffenheit mit Zuhausefühlen-Können in meinem Stadtteil und Dorfgefühl.

Wo trifft man Lena und Soi privat? Welche sind eure persönlichen Hotspots?

Soi: Ich gehe sehr gerne ins »Savoy« Kino, da werden alle Filme im Originalton gezeigt. Ansonsten mag ich es, hier und da kleine, gemütliche Cafés zu checken. Mein Highlight aktuell: Das »Mit Herz und Zucker«-Café in der Lübecker Straße im Stadtteil Hohenfelde.

Lena: Die meiste Zeit verbringe ich im »Tybas Dance Center«. Hier arbeite ich nicht nur, sondern verbringe auch viele Wochenenden und einfach Zeit mit tollen Menschen.

Was ist für euch typisch Hamburg?
Soi: Franzbrötchen. Moin. Hafen.
Lena: Das Hamburger Wetter.

HAMBURG
LIEBE
HAT
UNTER-
NEHMER-
GEIST

Hamburger Erfindungen 1

Aus der Hansestadt kommen einige Dinge, die uns heute das Leben erleichtern, verschönern oder immer wieder begegnen.

Der Adventskranz wurde in der Hansestadt von Johann Hinrich Wichern erfunden. In seinem von ihm gegründeten Rettungshaus für verwaiste Kinder, dem Rauhen Haus, konnten diese die Zeit bis Weihnachten nicht erwarten. Um es den Kindern bildlich darzustellen, stellte Wichern 20 kleine und vier große Kerzen auf. Jeder Tag bis Weihnachten wurde von einer Kerze symbolisiert. Der Adventskranz war geboren.

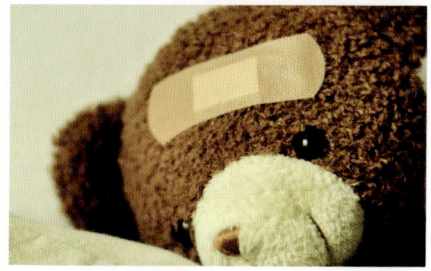

Wir benutzen es immer wieder, doch sicher habt ihr euch noch keine Gedanken gemacht woher es eigentlich kommt: das Heftpflaster.

Ein Apotheker und ein Hautarzt aus Hamburg entwickelten ein neues Verfahren, um Arzneistoffe auf die Haut zu bringen. Dazu bestrichen sie einen Pflastermull mit einer salbenartigen Masse. Im Jahre 1882 wurde dies zum Patent angemeldet und auch die Beiersdorf AG gegründet.

Als der Rettungsschwimmer

Bernhard Markwitz seiner dreijährigen Tochter, die in einen Teich gefallen war, fast beim Ertrinken zusehen musste, sollte eine Schwimmhilfe her. So entstanden 1964 die Schwimmflügel, zum ersten Mal ausprobiert im Schwimmbad Hamburg-Ohlsdorf.

Niemand Geringerer als Alfred Nobel (1833 – 1896) hat in Hamburg das Dynamit erfunden. Nobels Firmensitz war damals in der Altstadt, seine Fabrik lag in Krümmel. Nobels Firma stellte hochexplosives Nitroglyzerin her, da es an diesem Sprengstoff hohen Bedarf gab. Dieser Stoff ließ sich aber nur schwer transportieren und Nobel tüftelte daher an einem sichereren Sprengstoff.

Seine erste Fabrik in Kümmel explodierte schnell und musste wieder neu errichtet werden. Daher wurden die Experimente auf einem Floß auf der Elbe durchgeführt. Am Flussufer der Elbe fand er Kieselgur, versteinerte Algen. Diese binden das Nitroglyzerin und ermöglichen so einen sicheren Transport. 1867 erhielt Nobel dafür ein Patent. Er zweifelte aber immer wieder am kriegerischen Gebrauch seiner Erfindung und stiftete daher der Menschheit als Wiedergutmachung den Nobelpreis.

Interview mit Julian und Tobi von Adam Bows

»Adam Bows« ist ein Hamburger Start-up für Herrenfliegen. Alle Fliegen werden von Hand genäht – und die passenden Einstecktücher gibt es natürlich auch.

Erzählt mal, wie kam es zur Idee »Adam Bows«?

Ich, Tobias, habe im Sommer 2015 Julians Schwester geheiratet. Von Anfang an war klar, dass ich auf jeden Fall eine Fliege tragen wollte. Da ich jedoch online sowie auch in sämtlichen Hamburger Läden keine Fliege gefunden habe, die mir gefallen hat, kam uns die Idee, eine eigene Fliege zu designen und zu nähen. Es sollte kein 08/15-Modell aus Seide oder Satin sein, sondern eine Fliege aus Lei-

nen im Vintage-Stil. Schnell haben wir dann gemerkt, dass wir wohl nicht die Einzigen sind, die auf der Suche nach derartigen Produkten sind. Und da wir uns als Schwager und Freunde gut verstehen und uns schon aus dem Sandkasten kennen, haben wir sehr schnell den Entschluss gefasst, nicht nur für uns selbst und unsere Freunde Fliegen zu nähen, sondern unser eigenes Start-up zu gründen.

Alle eure Produkte werden handgenäht und in einem Karton verschickt, der zu 100 Prozent aus recyceltem Altpapier besteht. Wie wichtig ist Nachhaltigkeit für euch?

Man sieht ja, was für ein großes Thema Nachhaltigkeit und Umweltschutz zurzeit ist. Und das absolut zu Recht. Wir sind der festen Überzeugung, dass hier nicht

nur Privatpersonen in der Pflicht stehen, ihr Handeln und ihren Lebensstil zu hinterfragen, sondern vor allem und im ganz Besonderen die Unternehmen. Wenn hier ein Umdenken stattfindet, kann eine Menge bewirkt werden.

»Vincent«, »Hector« oder »Lasse« lauten die Namen eurer Produkte. Warum gibt es noch keinen Tobi und keinen Julian?

Da in jeder Saison neue Fliegen in neuen Farben hinzukommen, wollten wir unsere Namen noch nicht ganz am Anfang vergeben. Wir brauchen ja auch noch Namen in der Hinterhand für ganz besondere Modelle.

Gedeckte Farben oder eher farbenfroh, was trägt Mann von heute am liebsten?

Es gibt durchaus Herren, die sich etwas trauen und sich für eine sehr bunte Fliege entscheiden. Damit fällt man natürlich auf und steht im Mittelpunkt. Unser un-

angefochtener Topseller ist »Hector« in einem melierten Altrosa. Der steht vor allem bei Bräutigamen hoch im Kurs.

Sind die Hamburger eher modebegeistert oder eher Modemuffel?

Wenn der Hamburger aufgrund des schlechten Wetters keine Regenjacke trägt, zeigt er schon, dass er sich modebewusst kleiden kann. Aber natürlich ist noch etwas Luft nach oben. Und dabei wollen wir mit unseren Accessoires gerne helfen.

Apropos Shopping: Wofür lohnt es sich, in Hamburg Geld auszugeben?

Zum Glück gibt es in Hamburg noch eine ganze Reihe an kleinen Einzelhandelsläden. Sie werden immer mehr von den großen Ketten verdrängt und immer weniger, aber es gibt sie noch. Auch unsere Fliegen sind bei einigen dieser inhabergeführten Läden im Sortiment.

Die Hamburger sollten also vermehrt im Einzelhandel kaufen,

damit sich die Spirale nicht noch weiterdreht und man bald nur noch an den Fassaden von großen Ketten entlangläuft.

Wenn ihr eine Hamburger Persönlichkeit nach Wahl treffen könntet, egal wen, wer wäre das und warum?

Da würde unsere Wahl ganz klar auf Udo Lindenberg fallen. Ein unterhaltsamer, engagierter Typ, der seinen ganz eigenen persönlichen Stil hat. Vor allem was seine Kleidung beträgt. Und genau darüber würden wir uns gerne mit ihm austauschen. Bisher trägt er nämlich fast nur Krawatte. Als ausgesprochener Individualist würde ihm aber auch eine Fliege sehr gut stehen.

Julian und Tobi privat: Wo trifft man euch und wo sicher nicht?

Die großen Massenveranstaltungen wie der Hafengeburtstag, das Alstervergnügen, der Schlagermove oder der Hamburger Dom sind nicht so ganz unser Ding. Wir bevorzugen lieber die kleinen Cafés, Bars oder Restaurants um die Ecke.

Hamburger Erfindungen 2

Die Wunderkerze, oder wie es im Patent steht, »Funkensprühender Leuchtstab«, wurde 1906 von Franz Jakob Welter erfunden. Sie sollte als Alternative zu den üblichen Lichtern am Weihnachtsbaum dienen. Eine schöne Erfindung, die uns noch heute viel Freude bereitet.

Die Beiersdorf AG erfand nicht nur das Pflaster.

Der ehemalige Besitzer Paul Carl Beiersdorf verlor seinen Sohn durch Suizid und nahm sich später selbst das Leben.

Unter dem neuen Besitzer Oscar Troplowitz wurde 1909 der erste Lippenpflegestift unter dem Namen »Labello« auf den Markt gebracht. Zwei Jahre später folgte die weltweit erste Feuchtigkeitscreme unter dem Namen »Nivea«. Noch heute sind die Produkte in fast jedem Badezimmer zu finden.

Auch von der Beiersdorf AG erfunden: der Tesa-Film. Seit 1936 erleichtert er uns das Leben.

Interview mit Madeleine Gräfin von Hohenthal und Benjamin Wenke, Gründer von Bracenet.

Bracenet, das sind Madeleine und Benjamin. Die beiden sind auf ihren Reisen immer wieder Geisternetzen begegnet. Das sind in den Meeren versenkte Fischernetze, welche unkontrolliert umhertreiben und dadurch jedes Jahr Millionen von Tiere töten. Zusammen mit »Healthy Seas« und »Ghost Fishing« bergen sie diese aus allen Weltmeeren. Die Fundstücke werden zunächst gereinigt und dann zu Armbändern, Schlüsselanhängern oder auch Hundeleinen verarbeitet. »Save the water, wear a net« – das ist das Motto, mit dem jeder helfen kann.

Bis sich die Geisternetze in Mikroplastik zersetzen, kann es 600 bis 800 Jahre dauern. Plastik ist ja aktuell ein brandheißes Thema und wird den Menschen immer wieder bewusster. Wie sieht es denn bei euch privat mit Plastikvermeidung aus? Habt ihr da auch noch einen besonderen Tipp?

Plastik verschwindet nicht, sondern wird für immer da sein. Wir waren, bevor wir mit »Bracenet« angefangen haben, so gar nicht nachhaltig. Bis ein lebensverändernder Urlaub in Afrika uns zum Nachdenken bewegt hat. Daher ist Aufklärung immer noch sehr wichtig. Wir sind leider noch nicht perfekt, versuchen aber bei allem, was wir kaufen, darauf zu achten, dass es ohne Plastik ist und geben bei unvermeidlichen Bestellungen immer an, dass wir das Produkt mit so wenig Verpackung wie möglich geliefert bekommen möchten. Bei Zahnpasta in Tablettenform, Zahnbürsten aus Bambus, Schwämmen, die man waschen kann, dem klassischen Stück Seife statt Duschgel, Haarshampoo und Deo ohne Plastik und selbst mitgebrachten Tüten klappt das schon ohne Nachdenken. Bei unserer eigenen Produktion können wir tollerweise direkt so nachhaltig wie nur irgend möglich produzieren und regen somit

tatsächlich auch Verpackungshersteller an, Alternativen anzubieten. Ein schönes Beispiel für uns ist, dass wir bei unseren 23 Airline-Kunden das erste nicht eingeschweißte Produkt im Boardshop anbieten, das gab es vorher nicht.

Beruflich bedingt seid ihr ja auch sehr viel am Wasser unterwegs. Wasser macht einfach glücklich, oder?

Das Meer ist tatsächlich ein täg-

licher Begleiter. Wir versuchen, so oft es geht, auf Bergungstouren dabei zu sein, das klappt aktuell leider nicht so oft. Wir arbeiten tatsächlich sehr viel im Headquarter in Hamburg und sind auch viel bei den Kunden direkt vor Ort. Wir gucken uns nämlich alle Kooperationspartner so genau wie möglich an. Aktuell nehmen der Beratungszweig und das Schreiben für nachhaltige Konzepte und Ideen schon ca. 40 % neben dem regulären Verkauf der »Bracenets« ein.

Was ist denn der perfekte Ort in Hamburg für Wasserfans?

In Hamburg, ganz klar, die Landungsbrücken und die kleinen verwinkelten Arme der Außenalster. Da fahren wir gern im Winter mit einer Tasse Glühwein herum. Dabei kann man sehr gut nachdenken.

Benjamin, du kommst ja aus dem Ruhrpott. Madeleine, du bist ein Nordlicht. Wie lebt es sich für euch in Hamburg?

Wir lieben beide Hamburg total. Wenn wir einen Ort als Heimat beschreiben müssten, ist es ganz klar dieser hier. Auch wenn das »Ruhrpottherz« definitiv in der Brust schlägt. Da wir auch in Köln, Düsseldorf und Duisburg

produzieren, sind wir auch relativ häufig in der Gegend. Benjamins Familie und viele unserer Freunde werden uns dort auch verwurzelt sein lassen.

»The place to be«. Wo trifft man euch beide in Hamburg und wo sicher nicht?

Aktuell tatsächlich in unserem neuen Atelier im Hinterhof am Jungfernstieg im Alten Kunsthaus. Da sind wir seit Monaten fleißig am Ausbauen und Werkeln. Wir trinken gern mal einen Feierabendschnaps in einer Bar um die Ecke und gehen mit Freunden gern in unser Stammlokal, das »Luigis« bei den Landungsbrücken. Super gern essen wir im »Han Mi« in der Nähe des Kiezes.

Euer Firmensitz befindet sich in den »Colonnaden«, eine der ältesten Fußgängerzonen Hamburgs. Man sagt, dass dieser Teil Hamburgs ein gewisses mediterranes Flair versprüht. Sind die »Colonnaden« einen Besuch wert?

Wir sind hier vor 6 Jahren in unsere Wohnung eingezogen und haben nach und nach jeden Raum zum Fertigen und Packen gebraucht. Wir lieben es, hier zu wohnen. Unser Gästezimmer war bis

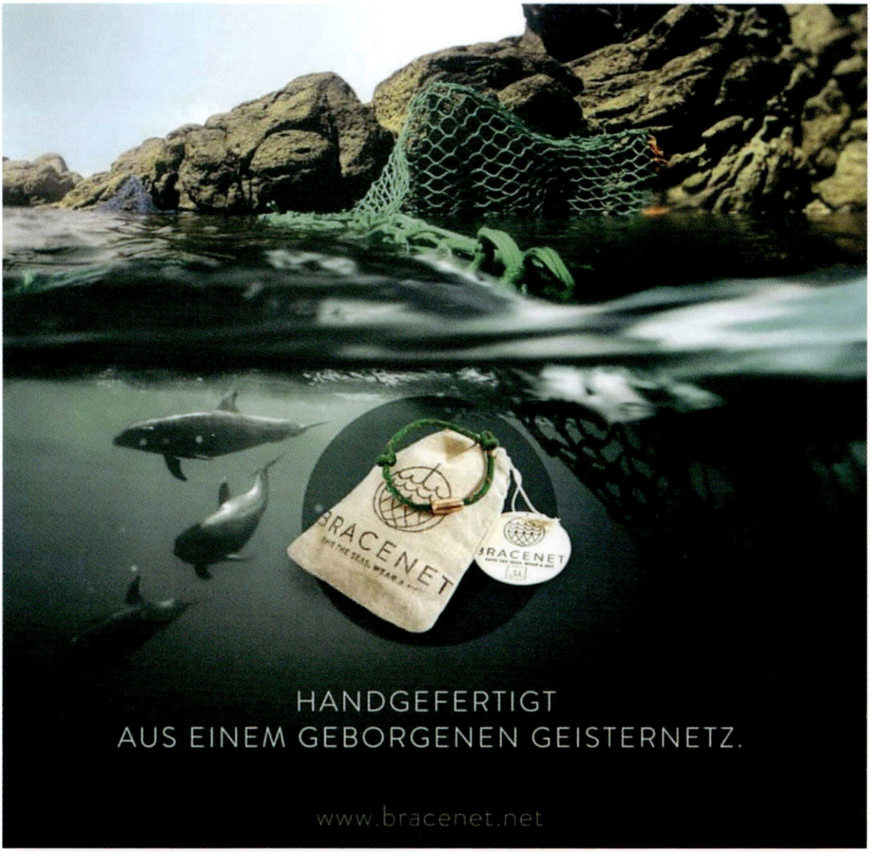

BRACENET
HANDGEFERTIGT
AUS EINEM GEBORGENEN GEISTERNETZ.
www.bracenet.net

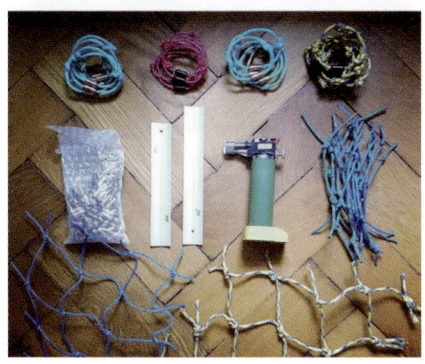

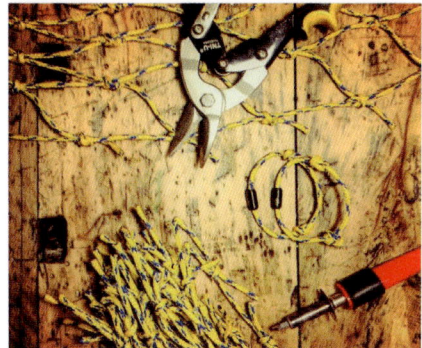

Dezember das Büro für 6 Leute. Hier befindet sich unser Gewerbesitz und wird es auch bleiben, aber das Büro liegt jetzt am Jungfernstieg. Die »Colonnaden« sind schon wirklich sehr schön, teilweise ist die venezianische Architektur noch erhalten – und vor allem ist es sehr ruhig. Wenn die Geschäfte schließen, ist man ganz allein.

Wofür würdet ihr in Hamburg mitten in der Nacht aufstehen?

Für eine Mondfinsternis oder einen Sternschnuppenregen.

Erfindungen aus Hamburg 3

Von einem Zahnarzt und einem Kieferorthopäden wurde nach dem Ende des Zweiten Weltkrieges der Schnuller erfunden. Er ist seitdem aus den Haushalten mit Kind kaum mehr wegzudenken.

Der Plan war, dem kindlichen Saugbedürfnis nachzukommen, ohne den Kiefer zu verformen. Geboren war der »Nuki«. »Nuki« steht für »natürlicher und kiefergerechter Beruhigungssauger und Kieferformer«. Nuki wurde eine Zeit lang vom französischen Hersteller NUK in Hamburg in der Hanseatischen Gummifabrik produziert.

Albert Ballin (1857–1918), Vorstandsmitglied der HAPAG, erfand die erste Kreuzfahrt. Seine Firma verdiente damals ihr Geld mit Auswanderungen nach Amerika. Zunächst blieben seine Schiffe im Winter im Hafen. Doch er wollte auch in der stillen Zeit Geld verdienen und schickte sein Passagierschiff »Augusta Victoria« gen Süden. Die erste Fahrt dauerte 2 Monate und führte unter anderem nach Kairo, Istanbul und Lissabon. 241 Passagiere waren an Bord.

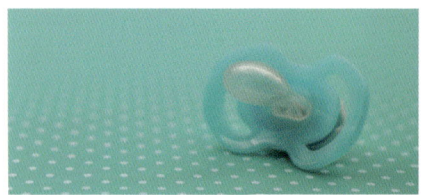

Interview mit Simone und Stefan, den Gründern von »Acqua di Hamburg«

»Acqua di Hamburg« ist eine duftende Hommage an die Hansestadt, wie kam es zu dieser Idee?

Die Idee entstand auf unseren zahlreichen Italienreisen – dort haben viele besondere Orte ihren eigenen Duft – Acqua di Parma, Acqua di Taormina, Acqua di Firenze – um nur einige zu nennen. Es kam dann die Frage auf, warum es keinen Duft für die schönste Stadt der Welt (wie die Hamburger ganz bescheiden sagen) gibt – und so kam die Idee ins Rollen. Nach und nach haben wir uns mit allen Bereichen von der Duftkreation über rechtliche Fragen bis hin zur Firmengründung auseinandergesetzt. 2017 haben wir uns entschieden, nach zusammen 40 Jahren in der Bank den Schritt in die Selbstständigkeit zu wagen. Das Ganze mit einer ordentlichen Portion Spaß. Natürlich sind wir mit

ganzem Herzen dabei und stolz darauf, was wir bis jetzt auf die Beine gestellt haben.

Es gibt vier Unisex-Düfte mit den Namen »Classic«, »Alster«, »Kiez« und »Hafen«. Wie können wir uns diese Düfte vorstellen?

Classic – Man stelle sich im Hamburger Rathaus den Senatssaal mit seinen hohen Holzdecken und seinen derben Ledersesseln vor. Die holzigen Aromen von Classic sollen unsere Nase in die Hamburger Geschichte eintauchen lassen.

Alster – der Duft ist wie eine frische Brise, die einem bei einem Spaziergang um die Alster oder einem Segeltörn mitten durch Hamburg um die Nase weht. Herbe und frische Duftnoten vermitteln das Gefühl von Urlaub in der (eigenen) Stadt.

Kiez – Nachtschwärmer und Partygänger, Touristen und Geschäftsleute feiern ausgelassen bis in die Morgenstunden. So bunt wie seine Besucher, so vielfältig wie seine Clubs, Bars und Etablissements duftet unser Kiez: wild, etwas verrucht und immer im Wandel.

Hafen – Er symbolisiert die große weite Welt und die Vielfalt der Gewürze in den Lagerräumen der historischen Speicherstadt. Es ist ein frisch-würziger Duft mit holzigem Wandel. Der Hafen vereint wie kaum etwas Anderes das Gefühl von Freiheit und Sehnsucht.

Welcher der vier Düfte ist der beliebteste bei den Käufern?

Unser Bestseller ist das 4er-Reiseset mit allen 4 Düften im 10-ml-Reiseflakon. Insgesamt sticht »Hafen« ein wenig heraus und liegt in der Beliebtheit unserer Kunden leicht vorne.

Wo riecht es für euch in Hamburg am besten?

Hamburg hat eines der größten portugiesischen Viertel außerhalb Portugals – hier reihen sich portugiesische und spanische Tapas und Weinbars aneinander. Im Sommer hat man selbst hier im Norden das Gefühl vom Süden Europas, es riecht einfach nach Urlaub in der Hansestadt. Ein Abstecher dorthin ist ein absolutes Muss, wenn man in Hamburg ist.

Als Existenzgründer hat man ja immer wieder neue Ideen im Kopf. Können wir uns in Zukunft noch auf mehr Produkte von euch freuen?

Wir haben diverse Ideen für weitere Produkte – geplant sind sowohl weitere Düfte (Sondereditionen), auch in Kooperation mit Hamburger Firmen, sowie auch andere Produkte unter den bestehenden Linien (wie zum Beispiel Duschgel, Bodylotion, Duftkerzen.)

Was bedeutet »Hamburgliebe« für euch? Seid ihr verliebt in die Hansestadt?

Der Hamburger hat eine ganz besondere Beziehung zu seiner Stadt. Bei uns war die Liebe so groß, dass wir sie mit »Acqua di Hamburg« verewigt haben.

Wo trifft man euch denn privat und wo sicher nicht?

Privat findet man uns im Portugiesenviertel, am Hafen und in der Schanze. Wir sitzen einfach gern stundenlang dort und lassen uns bei einem guten Glas Wein (oder auch zweien) treiben. Außerdem sind wir leidenschaftliche Konzertgänger – hierfür gibt es in Hamburg zahlreiche coole Locations. In sehr schnöseligen Läden findet man uns eher selten bis gar nicht.

Welche Hamburger Persönlichkeit würde ihr gerne mal kennenlernen und warum?

Klaus Störtebeker – der Sage

nach rennt er noch immer kopflos durch den Hamburger Hafen – aber wirklich gesehen haben wir ihn noch nicht. Seit Längerem wohl auch niemand anderes. Der alte Seeräuber hätte bestimmt viele spannende Hamburger Geschichten aus seiner Zeit zu erzählen.

Hamburger Patente

Das deutsche Reichspatentamt wurde 1877 in Berlin gegründet und konnte schon am ersten Tag 30 Patentanmeldungen entgegennehmen. Darunter war auch eine Anmeldung aus Hamburg. Die Mitarbeiter hatten die Patentfä-

higkeit der Anmeldungen zu überprüfen und erstellten dann das entsprechende Patent.

Das erste hanseatische Patent war eine Öl-Spritz-Kanne und wurde von Friedrich Schelling eingereicht.

Hamburgs Anteil an Erfindungen ist über die Jahre relativ konstant geblieben, 2 Prozent aller deutschen Erfindungen kommen aus der Hansestadt. Das klingt zunächst nicht viel. Allerdings lag Hamburg damit im Jahre 2016 auf dem vierten Platz hinter Bayern, Niedersachsen und Baden-Württemberg.

Beste Handwerkskunst aus der Hansestadt bietet die über hundert Jahre alte Firma Montblanc, die sich ebenfalls viele Patente gesichert hat. Ein jeder kennt die berühmten Schreibgeräte im klassischen schwarzgoldenen Design.

Allein mehr als 125 Patente hat sich der Hersteller von Flügeln und Klavieren, Steinway & Sons, aus Bahrenfeld sichern lassen.

Aber auch Firmen wie Airbus oder Philips sichern der Hansestadt immer neue Patente.

Jeden Monat wird aktuell die Auszeichnung »Patent des Monats« vergeben. Darunter sind viele interessante Produkte wie z. B. ein aufblasbares Surfbrett.

Unternehmergeist mal anders: die Piraten

Man mag es kaum glauben, aber tatsächlich waren die ersten Piraten eigentlich Bauern. Im 13. Jahrhundert überfielen sie regelmäßig Hamburger Schiffe.

Besonders in der Gegend um Brunsbüttel, wo die Elbe in das Wattenmeer mündet, kam es immer wieder zu Überfällen.

Die Hamburger wehrten sich dagegen mit militärischer Macht.

Daraufhin spezialisierten sich die Bauern auf Strandräuberei. Angeblich nach altem Recht sollten alle gestrandeten Schiffe und deren Inhalt ihr Eigen sein. Auch die Besatzung der Schiffe zählte zum Inhalt und wurde als Sklaven verkauft.

Da so ein Schiff ja nicht täglich strandete, wurden immer wieder Bauern auf die Schiffe eingeschleust, um die Boote absichtlich auf Sandbänke auflaufen zu lassen. So konnte das Strandgut erhöht werden.

Doch auch staatliche Piraterie wurde betrieben. 1469 erklärte die Hanse England den Krieg. Zu dieser Zeit wurden private Schiffsbesitzer von Hamburg mit sogenannten »Kaperbriefen« ausgestattet. Diese erlaubten es den Hanseaten, englische Schiffe anzugreifen und auszurauben. Die Beute teilten sich dann die Bootsbesitzer und die Stadt.

Die gefürchtetste Piratenhochburg in dieser Zeit war Emden. Durch seinen geschützt liegenden Hafen bot die ostfriesische Stadt allerlei Seeräuberbanden Unterschlupf. 1433 wurde Emden aber von den Hamburgern erobert und für 20 Jahre ein Statthalter eingesetzt. Dieser hatte dafür zu sorgen, dass die Hanseschiffe vor Überfällen verschont blieben.

Der bekannteste Pirat: Klaus Störtebeker

Der berühmt-berüchtigte Störtebeker, um den sich zahlreiche Legenden drehen, soll als Pirat in der Ostsee und Nordsee sein Unwesen getrieben haben.

Er und seine Freibeuterbande »Likedeeler« (Gleichteiler) überfielen die Koggen der Hanse, um Beute zu machen.

Den Erzählungen nach teilten die »Likedeeler« aber ihre Waren mit den Bedürftigen und waren bei ihnen als Helden hoch angesehen.

Der Legende nach soll Störtebeker 1401 gefasst worden sein. Seine Hinrichtung fand auf dem Grasbrook, auf dem die heutige HafenCity erbaut wurde, statt. Er soll an den Bürgermeister den Wunsch geäußert haben, er wolle als Erster hingerichtet werden und alle Männer seiner Mannschaft, an denen er noch geköpft vorbeilaufen könne, sollen freigelassen werden. Angeblich schaffte Störtebeker es, 11 seiner Kompagnons zu passieren, dann stellte der Bürgermeister ihm ein Bein und die gesamte Crew wurde geköpft.

Bewiesen ist dies allerdings nicht, doch der Mythos Störtebeker beschäftigt die Menschen noch heute. Viele Autoren und Songwriter bedienen sich immer noch der Legende um ihn in ihren Theaterstücken und Liedtexten.

Das Störtebeker-Denkmal in der HafenCity zeigt den Piraten ohne Kleidung und gefesselt, kurz vor seiner Hinrichtung. Die Inschrift auf dem Sockel lautet: »Gottes Freund, der Welt Feind«. Fraglich ist, ob das Denkmal der Abschreckung oder der Ehrfurcht dienen soll.

Auf Störtebekers Spuren

- Gleich zwei Restaurants in Hamburg tragen den Namen des Piraten: das »Störtebeker« in der Elbphilharmonie am Kaiserkai und das »Störtebeker Fischrestaurant« in der Bernhard-Nocht-Straße.
- Im Hamburger Dungeon (Speicherstadt) kann man Teil einer Piratencrew werden, die ihren Anführer vor der Hinrichtung bewahren soll. Auch Störtebeker selbst wird hier täuschend echt zum Leben erweckt.
- Die Elbe-Erlebnistörns bieten eine 3,5-stündige Tour unter den Namen »Störtebeker Seefahrergelage« an. Hierbei ist natürlich auch für das leibliche Wohl gesorgt.

> Der Name Störtebeker bezieht sich auf den niederdeutschen Satz »Stürz den Becher«. Er konnte angeblich eine Elle Bier (4 Liter) auf einmal stürzen.

- Im Museum für Hamburger Geschichte kann man seit 1922 einen alten Schädel besichtigen, der angeblich Störtebekers sein soll. Und wie hat Störtebeker denn ausgesehen? Auch das wird hier aufgeklärt und rekonstruiert.

Der Kopf des Denkmals von Störtebeker ist mit 2 Mio. Euro versichert.

Wer hat damals Störtebeker eigentlich der Hinrichtung zugeführt?

Es soll Simon von Utrecht gewesen sein, ein aus den Niederlanden stammender Schiffshauptmann.

Eingewandert nach Hamburg, erhielt er im Jahre 1400 das hamburgische Bürgerrecht. Bereits im darauffolgenden Jahr war er als Kommandant eines der hamburgischen »Friedeschiffe« maßgeblich am letzten Kampf gegen Klaus Störtebeker beteiligt. Drei Tage und drei Nächte soll der Kampf gedauert haben. Auch in den folgenden Jahren blieb er nicht untätig, nahm er doch an diversen Seezügen der Hanse teil.

Die »Simon-von-Utrecht-Straße« auf Sankt Pauli erweist ihm noch heute die Ehre.

Und auch an der »Kersten-Miles-Brücke« kann man den ehemaligen Ehrenbürgermeister von Hamburg bewundern.

HAMBURG LIEBE IST DIE LIEBE ZUM WASSER

Man sagt, Hamburg hat zwei Flüsse: einen zum Geldausgeben — die Alster, und einen zum Geldverdienen — die Elbe.

Die Alster

Die Alster, ein Nebenfluss der Elbe, ist 56 Kilometer lang und fließt von Norden her aus Schleswig-Holstein nach Hamburg. Dort angekommen, wird sie zum Alstersee, bestehend aus Binnen- und Außenalster: Hamburgs Schmuckstücke.

Rund um die Binnenalster reihen sich die besten Adressen der Stadt aneinander, unter anderem der Jungfernstieg mit seinen zahlreichen Einkaufsmöglichkeiten oder das Hotel »Vier Jahreszeiten«.

Ursprünglich war die Alster komplett im Besitz eines Holsteiner Grafen. Als er Geld brauchte, konnte Hamburg den Fluss erwerben und zahlte dafür nur 1025 Mark, was auch damals schon ein echtes Schnäppchen war.

Im Zweiten Weltkrieg war die Alster von besonderer Bedeutung. Als feindliche Bombenangriffe aus der Luft drohten, wurde auf der Binnenalster ein großes schwimmendes Holzmodell der Innenstadt gebaut, unter anderem mit einer falschen Lombardsbrücke. Man hoffte, dass die Piloten aus der Luft nicht erkennen könnten, welche die richtige und welche die falsche Brücke war. Leider ging der Plan nicht auf, da britische Zeitungen über die Tarnung berichteten.

Die Elbe

Über die Elbe ist Hamburg mit der Nordsee verbunden.

Eine Hafenrundfahrt lohnt sich, ob man sich nun an den Landungsbrücken für eine Fahrt mit einer kleinen Barkasse, eine Rundfahrt mit Musik oder den großen Raddampfer entscheidet, sie ist immer ein Erlebnis.

Die Elbe ist das Tor zur Welt. Exotische Waren wie Kaffee oder Tabak kommen auf diesem Wege in die Stadt. Aber auch Menschen mit verschiedenen Kulturen finden den Weg über die Elbe nach Hamburg.

Man sagt, in Städten mit Hafen haben die Menschen noch Träume. Wenn man an der Elbe sitzt und aufs Wasser blickt, lädt dies durchaus zum Träumen ein.

Die Barkassen auf der Elbe

Ursprünglich kommt der Begriff »Barkasse« aus dem Italienischen und bedeutet so viel wie »Großschiff«. Als Barkassen wurden früher die größten Beiboote eines Kriegsschiffes bezeichnet.

Im Hamburg der heutigen Zeit werden Barkassen als Schlepperschiffe oder für Personenrundfahrten eingesetzt.

Da die Schiffe nicht sehr hoch sind, können sie auch bei Hoch-wasser noch die Kanäle in der Speicherstadt befahren.

Seit 1919 ist zum Beispiel »Barkassen Meyer« im Hamburger Hafen zu Hause. Bernhard Meyer erwarb vor 100 Jahren die erste Barkasse namens »Pudel« für Hafen- und Schlepperarbeiten. Der heutige Inhaber Hubert Neubacher kam 1994 als Assistent der Geschäftsführung ins Unternehmen. 2002, als das Unternehmen schon

BARKASSEN MEYER
Bei den St. Pauli-
Landungsbrücken BR 2 + 6
barkassen-meyer.de

über sechs Schiffe verfügte, übernahm Neubacher die Leitung und erwarb das »Hamburger Hafenpatent« zur Steuerung der Barkassen. 2013 ging die Firma dann komplett an ihn über.

Heute gibt es zum Beispiel Barkassen mit den wunderschönen Namen »Feine Deern« oder die Charity-Barkasse »Lütte Deern«,

mit der die jahrelange Unterstützung von »Viva con Agua« gezeigt wird.

Von der klassischen Hafenrundfahrt über die Comedy-Rundfahrt bis hin zu Hochzeitsfeiern an Bord ist hier für jeden Geschmack etwas dabei.

Die einstündige Hafenrundfahrt durch die Speicherstadt und die HafenCity, vorbei an den Elbbrücken, Containerterminals und den Docks von »Blohm und Voss« kostet 18 Euro für Erwachsene und startet mehrmals täglich zur vollen Stunde.

Interview mit Hubert Neubacher, Inhaber von Barkassen Meyer

Herr Neubacher, Sie wurden in der Steiermark geboren und wohnen nun in Hamburg. Wie lebt es sich im Norden von Deutschland?

Fantastisch. Ich liebe diesen ganz besonderen Mix aus Vielfalt und Bodenständigkeit, Weite und Heimatverbundenheit, Grün und Wasser. Was ich an den Hamburgern wirklich schätze, ist ihr Respekt, den sie Menschen entgegenbringen, die möglichst geradlinig und authentisch sind – und ihre Leistung erbringen.

Sie sind 1994 als Assistent der Geschäftsführung bei Barkassen Meyer eingestellt worden, 2002 übernahmen Sie die Leitung der Firma und 2013 erfolgte die komplette Übernahme. Hätten Sie sich das jemals so erträumt?

Nein, ganz ehrlich nicht. Obwohl es für mich schon, als ich das erste Mal einen Fuß auf eine Meyer-Barkasse gesetzt habe, klar war, dass das hier mein Schicksal ist. Ich habe gespürt, dass ich angekommen bin.

Alles danach hat sich ergeben – ich denke vor allem, weil mich die Leidenschaft für den Hafen und die Barkassen gepackt hat. Die Schiffe, die Hamburger und Touristen durch den Hafen schippern, sind eine »Hamburgensie«, eine Tradition. Dies zu bewahren und gleichzeitig moderne Akzente setzen zu können – das macht mich jeden Tag aufs Neue glücklich.

Bei Barkassen-Meyer kann man von einer Hafenrundfahrt über eine Krimi-Lesung bis hin zur Hochzeit viel erleben. 2019 wurde ihr zehntes Schiff getauft. Was ist Ihr persönlicher Tipp für ein Erlebnis mit einem Ihrer Schiffe?

Da kann ich mich gar nicht entscheiden. Es kommt auf die Stimmung und den Anlass an. An einem lauen Sommertag würde ich eine Hafenrundfahrt mit unserer Cabrio-Barkasse »Sanna« machen – das ist ein einmaliges Erlebnis. Als Kunst- und Kulturfreund würde ich aber auch auf jeden Fall eine Fahrt mit einer unserer Kunstbarkassen machen. Und da ich Konzerte liebe, würde ich für einen ganz besonderen Abend mit Freunden zum Beispiel »LOVE'SECRET« buchen – das ist unser schwimmender Soul-Club, bei dem Sängerin Love Newkirk mit ihrem stimmgewaltigen Mix aus Soul, Jazz, Pop und Gospel alle auf die Tanzfläche zieht. Atmosphärisch finde ich den BluePort, den Lichtdesigner Michael Batz alle zwei Jahre inszeniert, besonders schön.

Wo ist es in Hamburg am Wasser am schönsten?

Am Lebendigsten ist es natürlich an den Landungsbrücken. Mein Lieblingsplatz liegt aber ein paar Kilometer weiter Richtung Elbbrücken – in Entenwerder. Als ich diesen Ort entdeckte, war ich direkt vernarrt in dieses Rohe und Liebenswürdige, was die Elbinsel in meinen Augen ausmacht. Dazu die Ruhe und der Blick aufs Wasser – herrlich. Hier habe ich meinen zweiten Arbeitsplatz, privaten Rückzugsort und eine Event-Fläche für exklusive Anlässe gefunden. Hier habe ich aber auch schon richtig gefeiert – zum Beispiel 100 Jahre Barkassen-Meyer im Sommer 2019.

Sie sind gelernter Kellner. Welchen Drink bestellen Sie privat am Liebsten und wo gibt es in Hamburg den besten?

Wenn ich mich nostalgisch fühle, trinke ich gerne mal einen Campari-Orange. Aber mein aktueller Lieblings-Drink ist ein eiskalter Gin-Tonic – gerne mit Gin

SUL, der in der Altonaer-Spirituosen-Manufaktur mit viel Liebe destilliert wird. Dazu den herrlichen Blick über den Hafen in der »TowerBar« –perfekt!

Ein klassischer Tag im Leben von Ihnen. Wie kann man sich diesen vorstellen?

Wenn Sie denken, ich sitze den ganzen Tag im Büro an den Landungsbrücken – nein, das ist nichts für mich. Ich brauche Abwechslung, Kreativität, immer etwas Neues. Deshalb gibt es auch keinen klassischen Tag im Leben des Hubert Neubacher. Aber es gibt einen klassischen Startpunkt. Morgens vor acht Uhr einen Pott Kaffee auf den Landungsbrücken – sonst kommt mein Motor im Kopf nicht auf Touren. Und ich versuche, mindestens zweimal in der Woche morgens mein Training mit einem Personal-Trainer einzuhalten.

Was sollte man in Hamburg unbedingt einmal gemacht haben?

Na, das ist doch wohl klar: Eine Fahrt mit einem Schiff von Barkassen-Meyer. Ansonsten ist die Elphi ein echtes »Must-See«. Wer es mit klassischer Musik nicht so hat: Alleine der Ausblick von der

Elphi-Plaza auf den Hafen ist traumhaft. Und allen, die es klein und fein mögen, kann ich eine Vorstellung auf dem Theaterschiff »Das SCHIFF« ans Herz legen. Dort sitzen die Zuschauer fast auf der Bühne, erleben alles hautnah – unvergesslich.

Sie engagieren sich für diverse soziale Projekte, sind als Präsident des Skal Clubs Deutschland verantwortlich für knapp 1000 Mitglieder, haben schon mal eine CD aufgenommen. Was treibt Sie an und woher nehmen Sie die ganze Energie?

Ich habe das große Glück, dass ich alles, was ich mache, liebe.

Deshalb kostet es nicht nur Energie, sondern schenkt mir auch ganz viel Kraft. Und ich bin sehr dankbar für das Leben, das ich führe, und sehr demütig angesichts der Tatsache, dass es vielen Menschen auf der Welt schlechter geht.

Es sollte selbstverständlich sein, dass Menschen, die viel Glück und wenig zu leiden haben, auch mal an all jene denken, denen es nicht so gut geht. Ich habe durch meinen Job leider zu wenig Zeit, selbst richtig mit anzupacken, deswegen spende ich vorrangig Geld oder initiiere eigene Aktionen für den guten Zweck. Ich versuche aber auch, meine diversen Ehrenämter gut auszuüben.

Sie haben bestimmt schon viele spannende Dinge erlebt, oder?

In meinen 25 Jahren hier im Hafen habe ich viele spannende und durchaus auch kuriose Geschichten erlebt. Spannend wird es zum Beispiel, wenn – wie vor ein, zwei Jahren – eine voll besetzte Barkasse auf ihrer Rückfahrt von Buxtehude nach Hamburg aufgrund Niedrigwasser im Schlick liegen bleibt und man keine andere Möglichkeit hat, als seine Gäste mithilfe der örtlichen Feuerwehr sicher von Bord zu holen. Das hat zum Glück alles funktioniert und einzig der Schiffsführer inklusive Decksmann mussten danach etwa 6 Stunden bis zum nächsten Hochwasser an Bord aushalten, um das Schiff danach wieder sicher an die Landungsbrücken zu bringen. Darüber hinaus sind es für mich besondere Erlebnisse, wenn man jemanden wie Danny DeVito und Susan Sarandon oder deutsche Künstler wie Helene Fischer, Udo Lindenberg und Mark Forster an Bord eines seiner Schiffe begrüßen und teilweise ganz privat erleben darf.

Eine »Once-in-a-lifetime«-Begegnung ist und war für mich die exklusive Hafenrundfahrt im letzten Jahr mit Tina Turner und ihrem Mann Erwin Bach. Die Fahrt hat so viel Spaß gemacht, und die werde ich mein Leben lang nicht vergessen.

Die Hamburger Inseln Neuwerk, Nigehörn und Scharhörn

Zu Hamburg gehören ebenfalls ein paar Inseln: die Insel Neuwerk, auf der 40 Menschen leben, und die unbewohnten Inseln Nigehörn und Scharhörn. Sie liegen im südöstlichen Teil der Nordsee, rund 100 Kilometer von Hamburg entfernt. Die nächste größere Stadt ist Cuxhaven.

Neuwerk erreicht man mit dem Schiff, zu Fuß oder auch mit dem Wattwagen bei Ebbe. Auf der Insel Neuwerk gibt es einen Leuchtturm, mehrere Möglichkeiten für eine Übernachtung oder Einkehr und ein Bernsteinmuseum. Der Neuwerker Friedhof der Namenlosen, auf dem früher angespülte Seefahrer begraben wurden, ist ein

beliebtes Ausflugsziel zum Entspannen.

Hier erlebt man Natur pur, indem man barfuß durch das Watt geht und die Vögel und Robben, die faul auf den Sandbänken liegen, beobachtet.

Neuwerk ist die kleinste, bewohnte Insel Deutschlands. Die Insel Nigehörn wurde erst 1989 geschaffen, denn Scharhörn wurde immer kleiner und es drohte der Verlust wichtiger Brutplätze für Vögel.

Wilhelmsburg

Weil Hamburg ja noch nicht genug Rekorde hat, hier gleich noch einer: Wilhelmsburg ist die größte bewohnte Flussinsel Europas.

In seiner heutigen Form ist Wilhelmsburg keine natürliche Insel. Durch das Eindeichen der Inseln Stillhorn, Georgswerder und Reiherstieg-Rotehaus entstand das Eiland.

Wilhelmsburg ist der Hamburger Stadtteil mit der größten Fläche.

Früher war Wilhelmsburg ein klassisches Arbeiterviertel und wurde von den Hamburgern nördlich der Elbe abschätzig ignoriert, heute gibt es sich jung, multikulturell und lebendig.

Hier befindet sich auch die Soulkitchenhalle ein Veranstaltungsort für Konzerte und Kunst. Sie wurde deutschlandweit bekannt aus dem gleichnamigen Film von Fatih Akin, der mit diesem eine Hommage an den Stadtteil widmet.

Ebenfalls bewundernswert: die wunderschöne Windmühle Johanna und ein Flakbunker aus dem Zweiten Weltkrieg.

Auf dem Bunker kann man sogar einkehren. Das Café bietet einen tollen 360-Grad-Ausblick.

Im Naturschutzgebiet Heuckenlock befindet sich einer der letzten Tideauenwälder Europas.

Beliebt bei Gästen aus aller Welt ist das jährliche Dockville-Festival.

Achtung an alle, die mit dem Auto kommen: In Wilhelmsburg weiden viele Schafe und es kann durchaus mal sein, dass dadurch der Verkehr unterbrochen wird. Man kann das aber als eine durchaus angenehme Art einer Pause verstehen.

Kanutour in Wilhelmsburg

Eine Kanutour ist eine besondere Art, den Flair von Wilhelmsburg zu erleben.

Beim Restaurant »Zum Anleger« kann man sich ein Kanu zum Tagespreis von 25 Euro mieten und schippert damit schattig durch das schöne Viertel.

ZUM ANLEGER
Vogelhüttendeich 123
zum-Anleger.de

Finkenwerder

Finkenwerder ist eine ehemalige Elbinsel und heute ein Stadtteil im Bezirk Hamburg-Mitte.

Einen beträchtlichen Teil der Fläche nimmt das Werk des Unternehmens Airbus ein. Das gesamte Gelände ist etwa so groß wie 500 Fußballfelder, auf denen 13.000 Mitarbeiter beschäftigt sind. Finkenwerder selbst hat aber nur 12.000 Einwohner.

Ebenfalls ist der Stadtteil für seinen Obstanbau bekannt. Manche der Plantagen befinden sich seit Jahrzehnten im Familienbesitz.

HAMBURG LIEBE

IST STADTTEILLIEBE

Die Stadt Hamburg gliedert sich in sieben Bezirke und diese wiederum in 104 Stadtteile. 2.340 Menschen leben in Hamburg auf einem Quadratkilometer. Zum Vergleich: In München sind es 4.670 und in Paris 21.290 — die Hamburger haben also mehr Platz als viele andere Großstädter.

Der Neue: HafenCity

Auf einer Gesamtfläche von 157 ha entsteht ein lebendiger Stadtteil zum Wohnen, Leben und Arbeiten. Als früheres Hafen- und Industrieareal genutzt, angeblich rückgreifend bis ins Jahr 1189, ist der Stadtteil heute ein echter Hingucker. Offiziell gegründet und zum Stadtteil erklärt wurde die HafenCity 2008, und sie soll im Jahr 2030 endgültig fertiggestellt werden. Wegen des zunehmenden Containerumschlags im Hamburger Hafen benötigte man Schiffe

mit größerem Tiefgang. Allerdings hätten diese im Gebiet der Hafencity nicht anlegen können, da der Elbtunnel eine Barriere darstellt. Somit wurden die östlichen Häfen nicht mehr benötigt und konnten zur Stadtentwicklung beitragen.

Die HafenCity ist Europas größtes innerstädtisches Bauprojekt. Zwischen Speicherstadt und Containerhafen entsteht neues Leben mit modernen Gebäuden, Straßenlaternen, die an Hafenkräne erinnern, Terrassen mit viel Grün, Promenaden, Gastronomie und Einkaufsmöglichkeiten.

Interview mit Oscar Jessen vom »Stadtgarten«

Oskar, du hast im März 2018 ein tolles Projekt ins Leben gerufen: einen offenen Gemüsegarten, bei dem Hamburger zusammen mit geflüchteten Neuhamburgern Obst und Gemüse anbauen. Wie kam es zu dieser Idee?

Ich stieß 2017 in Schweden auf eine wahnsinnig spannende Urban-Gardening Community und durfte 4 Wochen lang bei einem Start-up im Hafen Göteborgs Erfahrungen sammeln. Zurück in Deutschland beschloss ich, etwas Ähnliches aufzubauen und die Lebensmittelproduktion zurück in die Stadt zu verlagern. Aufgrund meines Vollzeitstudiums und fehlender finanzieller Ressourcen war ich nicht in der Lage, ein kommerzielles Projekt zu realisieren. Stattdessen habe ich gemeinsam mit der »Was Tun!–Stiftung« ein gemeinwohlorientiertes Konzept erarbeitet, in dem das Gärtnern als Plattform zur Interaktion mit Geflüchteten dient.

Euer Farmprojekt befindet sich im Baakenhafen gegenüber Hamburgs größter Flüchtlingsunterkunft in der HafenCity. Wie viele Geflüchtete leben dort und wie wird das Projekt angenommen?

In der Unterkunft können bis zu 720 Leute beherbergt werden. Das Projekt wurde zunächst von neugierigen Kindern entdeckt, die nach und nach ihre Eltern mitbrachten. Es wurde sehr gut angenommen und vor allem Menschen mit Erfahrungen in der Landwirtschaft haben sich gut bei uns integrieren können. Relativ schnell bildete sich eine feste Gruppe, die sich durch interessierte Anwohner, aber auch Leuten aus den umliegenden Hamburger Stadtteilen erweitert.

Wie funktioniert das Projekt und wie kann man bei euch mitmachen?

Wir treffen uns jeden Dienstag von 16.30 – 19.00 Uhr und kümmern uns um die Pflanzen. Danach kochen wir wahlweise ein eu-

ropäisches oder arabisches Gericht im anliegenden Hex-House.

Jeder ist herzlich willkommen und kann ohne Anmeldung kommen. Kinder dürfen unter Anwesenheit der Eltern mitmachen. Das Essen ist umsonst und wird durch Fördergelder und die Stiftung finanziert.

Gibt es auch im Winter Aktionen

oder ist der »Stadtgarten« ein reines Sommerprojekt?

Im Winter wächst ja bekanntlich weniger Gemüse in den Beeten, deswegen liegt der Fokus beim gemeinsamen Kochen. Wir treffen uns weiterhin wöchentlich und versuchen, regional und vegetarisch zu kochen.

Mein Buch heißt ja »Hamburgliebe«. Bist du verliebt in Hamburg?

Da ich in Hamburg groß geworden bin, verbindet mich eine Menge mit der Stadt. Es ist immer schön, dort zu sein, und natürlich eine große Freude, ein Projekt mit Blick auf den Hafen leiten zu dürfen.

Welche sind deine persönlichen Hamburg Highlights? Wo sollte man hin? Was darf man nicht verpassen?

Ich bin immer gerne in Ottensen unterwegs. Es gibt viele Bars und Cafés, in denen man Zeit verbringen kann. Bei gutem Wetter sollte man auf jeden Fall ans Wasser. Eine Runde Paddeln auf der Alster oder mit einem Buch an den Elbstrand setzen – das kann ich auf jeden Fall empfehlen.

Der Steile: Blankenese

Bekannt ist der Stadtteil vor allem unter dem Namen »Treppenviertel«. Der Süllberg mit seinen 74,7 Metern und der Baursberg (91,6 Meter) lassen so einige ins Schwitzen kommen. 5.000 Stufen führen durch das Viertel.

Für alle, die denken, sie können das auch mit dem Auto bewältigen, haben keine Chance, denn das Viertel ist eine autofreie Zone.

Ehemals Fischerort und Schmuckstück, wo Kapitäne ih-

ren Lebensabend verbrachten, ist Blankenese heute eine beliebte Villengegend und zählt zu den reichsten Hamburger Stadtteilen.

An die Treppen schmiegen sich alte Fischerhäuser und man hat einen zauberhaften Ausblick auf die Elbe und das Falkensteiner Ufer.

Für Erholungssuchende gibt es diverse Parkanlagen wie zum Beispiel den römischen Garten.

Doch auch unterhalb des Berges gibt es etwas zu entdecken. Der

Elbstrand lädt zum Spaziergehen, Schiffegucken und Verweilen ein. Bei Ebbe sieht man sogar ein Schiffswrack im Wasser. Auch Hamburgs ältestes Bahnhofsgebäude gibt es hier zu bewundern, es wurde im Jahr 1867 erbaut. Liebe Österreicher, hier habt ihr euch etwas sehr Schönes wegnehmen lassen, denn im 19. Jahrhundert gehörte Blankenese mal kurz zu euch.

»Blankenese« kommt aus dem Plattdeutschen und bedeutet »glänzende Nase«.

Der Bekannteste: St. Pauli

St. Pauli, mit den Spitznamen St. Lustig oder St. Liederlich, ist wohl der bekannteste aller Hamburger Stadtteile. In keinem anderen liegen die Welten von Armut und Glamour näher beieinander.

Die ersten Siedler am Hamburger Berg waren die Nonnen des Zisterzienserordens 1247.

Viele Jahre lang verbannten die Hamburger alles Unliebsame dorthin. 1604 wurde hier zum Beispiel der Pesthof eröffnet, ein Krankenhaus für Pestkranke.

Damals war der Stadtteil noch eine Vorstadt mit dem Namen Hamburger Berg. Später fand hier der Jahrmarkt statt, waren die Bordelle ansässig und selbst Hagenbeck präsentierte seine ersten Tiere.

Die Nähe zum Hafen lockte nicht nur zahlungskräftige Matrosen an, auch für die Stadtbewohner wurde hier ein beliebtes Ausflugsziel geschaffen. Sie liebten die Aussicht über die Elbe und gingen auf den Wallanlagen spazieren.

1831 erhielt St. Pauli die vollen

> Wer die St. Pauli-Kirche besucht, befindet sich nicht mehr im Stadtteil, denn nach der Verlegung der Stadtteilgrenzen gehört sie heute zu Altona.

Hamburger Bürgerrechte und seinen Stadtteilnamen, der von der gleichnamigen örtlichen Kirche abgeleitet wurde.

Einfache Arbeiter, Händler, Schausteller und Prostituierte bildeten die Bevölkerung des Stadtteils.

Weit über die Grenzen hinaus bekannt ist die Reeperbahn mit ihren zahlreichen Kneipen und Theatern und dem Herzstück, dem Spielbudenplatz. Der Name Reeperbahn kommt von den Reepschlägern, die auf der langen Straße ihre Schifftaue, die Reepen, herstellten.

Auf dem Hamburger Berg konnten die Besucher einiges erleben, so wurde im Hippodrom sogar auf Pferden geritten. Bis 1861 leerte sich abends stets das Vergnügungsviertel, weil die Tore gesperrt wurden. Wer nicht wieder rechtzeitig in der Stadt war, musste sich das Tor für viel Geld nochmals öffnen lassen oder außerhalb der Stadtmauern übernachten. Zum Glück der Wirte und Schausteller wurde dies aber dann aufgehoben.

Kleiner St. Pauli-Fan vor dem Millerntor-Stadion.

Auch heute noch ist St. Pauli Pilgerstätte für Theaterfreunde und Partygänger.

Doch nicht nur die Reeperbahn und die Große Freiheit gehören zum Stadtteil. Auf St. Pauli befinden sich das Messegelände, ein Teil des Parks Planten un Blomen und das beliebte Karoviertel mit seinen kleinen Läden und toller Gastronomie.

Nördlich der Reeperbahn liegt das Heiligengeistfeld, auf dem dreimal im Jahr das beliebte Volksfest »Hamburger Dom«, der seinen Namen vom 1804 abgerissenen Hamburger Mariendom hat, stattfindet. Und auch das Millerntor-Stadion des FC St. Pauli findet man dort.

Zu St. Pauli gehören auch die Landungsbrücken und der Hafen, hierher kommt man zum Träumen, zum Staunen und Erleben.

Den perfekten Ausblick auf den Hafen hat man vom Restaurant

Blick von den Tanzenden Türmen auf den Hafen.

»Clouds« mit seinen Panoramascheiben und einer schönen Dachterrasse, das im obersten Stockwerk der »tanzenden Türme« beheimatet ist.

Ebenfalls sehenswert ist der »Park Fiction«, der einen fantastischen Blick auf den Hafen unter Palmen aus Metall bietet. Hier trifft man sich auf ein Getränk, spielt Basketball und lässt sich treiben.

Abseits des Trubels der Reeperbahn finden sich viele kleine Läden, einfallsreiche Gastronomie und es gibt jede Menge zu entdecken. Es lohnt sich, genau hinzusehen.

Für die Sicherheit sorgen die Beamten der Davidwache, die einem breiten Publikum aus der TV-Serie »Großstadtrevier« bekannt ist. Das Reviergebiet umfasst 0,92 Quadratkilometer.

Gleich gegenüber der Davidwache steht einer der beliebtesten Geldautomaten. Wer denkt, dass hier am Abend am meisten Geld abgehoben wird, liegt falsch: Hochbetrieb herrscht hier in der Mittagspause zwischen 12 und 13 Uhr.

St. Pauli ist ein Stadtteil zum Verlieben. Wer einmal da war, wird schnell sein Herz verlieren.

Interview mit Niklas Seemann

Einer, der St. Pauli kennt und liebt, ist Art Director Niklas Seemann. Anlass genug, mit ihm über Hamburg zu sprechen.

Niklas, bist du ein Arter, der ein bisschen textet oder ein Teilzeittexter, der primär artet. Wie würde ein Werbeslogan für die Hansestadt lauten?

Puh, ein Werbeslogan für Hamburg. Der aktuellste, den ich fin

St. Pauli aus der Sicht von Niklas.

den konnte, kommt aus dem Jahr 2017: »Wachsen mit Weitsicht.« Ich finde ihn aber irgendwie nichtssagend für die »Perle im Norden«. Ich denke, ein Slogan, der für mich Hamburg am besten einfängt, wäre: »Hanseatisch. Herzlich.« Dass die Hamburger anfangs mal 'ne Ecke kühler sind, ist doch bekannt. Aber wenn man erst mal mit uns warm wird, können wir Hanseaten auch ganz herzlich sein.

Wo trifft man dich in Hamburg und wo sicher nicht?

Die meiste Zeit findet man mich wohl auf St. Pauli. Hier liegt die Agentur, in der ich arbeite, es ist also auch der Ort, um nach Feierabend noch ein, zwei, fünf Bier mit Kollegen und Freunden zu trinken. Besonders die leicht »kaschemmigen« Eckkneipen in und um die Reeperbahn herum sind immer 'nen Besuch wert.

In den meisten äußeren Stadtteilen findet man mich eher nicht. Alles, was nicht bequem mit der U3 zu erreichen ist, ist für mich eine kleine Odyssee – und vor allem das Wieder-Wegkommen finde ich umständlich.

Ich bin halt durch und durch Großstadtmensch und fühle mich inmitten der City einfach am wohlsten. Ich brauche die lauten Straßen, die Menschenmassen und die Lichter der Nacht, um mich vollkommen zu Hause zu fühlen.

Du stellst Opas Wein her. Die Trauben des Fruchtweins stammen aus dem Familiengarten in Großflottbeck. Er wird aus »de sure Kars – die Sauerkirsche« gekeltert. Wie kam es zu diesem Projekt?

Sprichst du oder spricht jemand aus deiner Familie noch Platt?

Wieso und wann mein Großvater damit exakt angefangen hat, weiß keiner so genau. Das Projekt ist in erster Linie eine Familientradition und wurde nur nebenbei zu einem privaten Design-Projekt für Branding und Markenkommunikation – vor allem, da ich den »Wein« nicht verkaufen will.

Aber eins steht fest: Der Wein ist Teil meiner Familie und dafür

Momentaufnahme von Niklas im Hamburger Hafen.

Niklas entdeckt in Hamburg die schönen Dingen, so wie diesen Briefkasten.

lohnt sich auch ein Ausflug nach Großflottbeck.

Von den Umdrehungen her kann man den edlen Tropfen irgendwo zwischen Branntwein und Whiskey einordnen. Der Name »Opas Wein« ist also eher eine Reminiszenz an meinen Großvater und weniger hundertprozentiger Indikator für die Art des Getränks. Faktisch gesehen ist er zwar ein Fruchtwein auf Sauerkirschen-Basis, in den Kopp geht er aber wie ein Hochprozentiger. Platt sprechen kann ich leider nicht, aber mir war es wichtig, einen stimmigen Beinamen für das Getränk zu finden. Und da war Platt halt die perfekte Lösung. Lernen würde ich die Sprache aber natürlich trotzdem gern. Die VHS bietet ja zum Glück immer mal wieder Kurse an – vielleicht schaff ich es dieses Jahr mal, an einem teilzunehmen.

Dein Nachname lautet Seemann. Weiß man, wie es zu diesem Nachnamen kam? Vielleicht gab es einen Seemann in der Familie?

Ich glaube nicht, dass der Name tatsächlich auf einem wahrhaftigen Seemann in der Familienhistorie beruht. Aber witzig wäre es in der Tat.

Und ja, es ist ein verdammt guter Name für einen Hamburger.

Apropos Seemann: Wo ist es in Hamburg am Wasser am Schönsten?

Oh, eine gute Frage – überall am Wasser ist es prinzipiell schön. Besonders liebe ich aber die Promenade an den Landungsbrücken. Am besten natürlich mit einem frischen Fischbrötchen in der einen und einem kühlen Blonden in der anderen Hand, während 'ne frische Brise von vorn einem die Hafenluft ins Gesicht bläst. Aber Vorsicht vor den Möwen: Die können garstig sein.

Was ist für dich typisch Hamburg?

Hier könnte ich jetzt viele Klischee-Antworten geben: Spazieren an der Außenalster, nächtliche Streifzüge über St. Pauli oder bei den Wasserlichtspielen in Planten & Blomen mit Freunden picknicken. Doch »typisch Hamburg« ist für mich das Lebensgefühl im Allgemeinen. Egal, ob man auf St. Pauli, in Eimsbüttel oder Winterhude ist – die Stadt ist wunderbar vielfältig und es leben diverse, mehr oder minder etwas eigene Grüppchen hier. Aber am Ende sind wir alle Hamburger und lieben diese Stadt mit allen Ecken und Kanten.

Was ist immer einen Besuch wert?

Die Krameramtsstuben direkt beim Michel. Da gibt es leckere hanseatische Gerichte mit frischem Aal und Matjes im historischen Zunfthof. Definitiv ein Besuch wert! Ansonsten sollte jeder, der mal hierher kommt, Labskaus probieren.

Der Dom, fotografiert von Niklas.

HAMBURG LIEBE GEHT DURCH DEN MAGEN

Typische Hamburger Spezialitäten

Die Hamburger lieben ihre Franzbrötchen, eine Abwandlung der Zimtschnecke.

Der Plunderteig wird mit mehreren Lagen Butter dünn ausgerollt und mit Zimt und Zucker bestreut. Dann wird daraus eine Rolle geformt und in vier bis fünf Zentimeter große Stücke geteilt. Durch das Drücken mit einem dünnen Rundholz tritt die Füllung heraus und karamellisiert beim Backen.

Gerüchten nach sind die Franzbrötchen eine missglückte Version von Croissants, die man versuchte, Anfang des 19. Jahrhunderts, als die Soldaten des französischen Kaisers Napoleon die Stadt besetzten, zu kopieren – daher mag auch der Name stammen. Ein glaubwürdigerer und belegter Zusammenhang geht auf den Altonaer Bäcker Franzschen zurück.

Wie auch immer: Das köstliche Franzbrötchen ist aus der Hansestadt nicht mehr wegzudenken.

Labskaus ist ein typisches Seemannsgericht. Früher gab es an Bord keine Möglichkeiten, Lebensmittel lange frisch zu halten, so musste der Smutje auf lang haltbare Lebensmittel zurückgreifen. Es entstand ein Brei aus gepökeltem Rindfleisch, eingelegter Roter Bete, Zwiebeln und Kartoffeln. Dazu wurden Matjes und Spiegelei serviert. Der Labskaus musste gut püriert werden, damit auch die Zahnlosen an Bord ordentlich mitessen konnten.

Obwohl er bei vielen verpönt ist, findet sich der Labskaus aber heute auf vielen Speisekarten wieder. Es gibt sogar die »Hanseatische Labskaus Dinner Society«, die den besten Labskaus der Stadt kürt und dabei auch noch etwas für den guten Zweck tut.

Interview mit Eva von Senf Pauli

In ihrer Hamburger Manufaktur dreht sich bei Eva alles um Senf, den sie selbst herstellt. Kreative Namen sind Programm, und man schmeckt hier einfach die Liebe zum Produkt. Eva erzählt uns mehr dazu.

Eva, für Senf Pauli hast du 2008 Deinen festen Job aufgegeben. Wie kam es zur Liebe zum Produkt und zur Geschäftsidee?

Die Liebe zum Senf war schon als Kind in mir. Hätte man mich gelassen, hätte ich von Tomatenbrot mit Senf gelebt. Die Liebe zur Senfherstellung kam viel später und durch Zufall in Form eines selbst gemachten Senfes, der mir geschenkt wurde. Da ich damals als Gegengewicht zum Büro meine Freizeit mit Küchenexperimenten (Marmelade, Käse, Brot) füllte, kam Senf kurzerhand als neues Projekt dazu. Es faszinierte mich sehr, denn, was kaum einer weiß, die Senfherstellung ist sehr komplex. Die ersten Versuche waren Reinfälle und das machte den Reiz aus. Ich brachte mir autodidaktisch das Senfmahlen bei, welches man schonend machen muss, denn Senfsaat ist sehr sensibel.

Zudem las ich mich in die verschiedenen Senfsaaten, Historie und Gegenwart der Herstellung sowie in das Thema Schärfe und Schärfeverlust ein. Letzteres machte und macht die Rezepturentwicklung zu einer Herausforderung, weil die Schärfe nach dem Mahlen zunächst die anderen

Zutaten überdeckt und sich manche Zutaten geschmacklich erst nach Wochen oder manchmal sogar Monaten bemerkbar machen. Beim Mahlen komme ich zur Ruhe und bin vollkommen zufrieden. Daher war es eigentlich nie eine Geschäftsidee, sondern das, was sich wie eine Berufung richtig anfühlte. So leer der Kühlschrank auch sein mag, Senf hat man eigentlich immer daheim.

Was unterscheidet Senf Pauli von herkömmlichem Senf?

Der Geschmack. Wir verarbeiten hochwertige, nachhaltig produzierte Zutaten. Die Senfsaat wächst in Norddeutschland, wir beziehen sie direkt vom Bauern. Die Herstellung erfolgt auf einer Steinmühle im schonenden Kaltmahlverfahren, in kleinen Mengen und in Handarbeit. Durch die Wahl unserer Essige, die mild und hocharomatisch sind, ist die Säure harmonisch eingebunden. Jede Zutat wird von uns wertschätzend behandelt und leistet

ihren Beitrag zum außergewöhnlichen Geschmack.

Wie kam es zum Namen »Senf Pauli«?

Mein Lieblingsstadtteil und erster Wohnsitz in Hamburg waren Inspiration und zeigen die Verbundenheit zur Stadt. Die Hamburger haben unsere Produkte begeistert und liebevoll aufgenommen.

»Mord im Orient«, »Mutprobe« oder »Himbeerfelder für immer« — deine Kreationen haben immer ganz besondere Namen. Welcher Senf ist der Beliebteste?

Die Namen habe ich mir ausgedacht, um den Geschmack zu beschreiben. Nach der Gründung war ich voller Kreativität, die raus wollte. Unsere Kunden mögen gerne die fruchtigen Senfe und heben die Ausdifferenziertheit des Aromas hervor. Es gibt aber genauso Fans der klassischen Sorten. Eine Sorte, die nicht läuft, wird aus dem Sortiment genommen. Da bin ich zwar dann ein bisschen sentimental aber »wat mutt, dat mutt«.

Eva mal ganz privat: Wo trifft man dich in Hamburg?

Dank meines bunten Alltags in der großen Stadt möchte ich am Wochenende zurück zur Natur.

Darum trifft man mich im Grünen, auf dem Wasser und abends mit Familie und Freunden in Restaurants, in denen mit Leidenschaft gekocht wird.

Bei welcher Hamburger Persönlichkeit würdest du gern mal deinen Senf dazu geben?

Ich würde sehr gerne allen Hamburgern meinen Senf dazu geben und bin sicher, dass wir für jede Persönlichkeit, ob scharf, mild oder süß, die richtige Sorte haben.

Bist du verliebt in Hamburg? Wenn ja, was macht die Stadt so besonders?

Ich würde sagen, aus dem Verliebtsein sind die Stadt und ich schon hinaus und es ist Liebe. Als ich vor fast 20 Jahren nach Hamburg nach Stationen in Chester, Bristol und Köln zog, habe ich gemerkt, wie mir das Nordische gefehlt hat und wie mich das Aufwachsen im Norden geprägt hat. Der weite Himmel, die Offenheit und die Wärme machen die Stadt für mich besonders liebenswert.

Jetzt ist noch Platz für deine eigene Geschichte.

In den 11 Jahren seit unserer Gründung habe ich einen Trend zur Wertschätzung von Handwerk und Qualität erlebt. Ich finde es großartig, Teil dieser Entwicklung zu sein, und halte es für unglaublich wichtig, beim Essen genau hinzuschauen. Noch vor zwei Generationen waren wir ja ganz nah dran an der Herstellung unserer Konsumartikel. Für die Kleidung kam eine Näherin ins Haus oder es wurde selbst genäht. Möbel gab man über Generationen weiter, das Essen wurde selbst angebaut oder regional eingekauft und vor allem selbst gekocht.

Die Vielfalt an kurzlebigen und anonymen Verbrauchsartikeln, die uns heute umgibt, ist dagegen sagenhaft. Ich sehe ein großes Bedürfnis, wieder mehr vom Ursprung zu erfahren und nachhaltiger zu leben.

Wir können und wollen die Zeit nicht zurückdrehen, aber wir alle können darauf achten, ressourcenschonend zu konsumieren. Woher kommt das? Wie wurde das hergestellt? Wie lange hält das?

Das sind gute Fragen, um der Ausbeutung von Menschen, Tieren und der Natur entgegenzuwirken. Und das Tolle ist: Jeder kann auf diese Weise wirksam werden und es fühlt sich gut an.

Fisch und Fischmarkt

Weltberühmt ist wohl der Hamburger Fischmarkt. Er lockt jeden Sonntag rund 70.000 Besucher an.

Ob Fisch, Obst oder Blumen: Die Marktschreier bringen ihre Ware an den Mann und die Frau.

In der angrenzenden Fischauktionshalle, welche 1896 eröffnet wurde, kann man zu Livemusik das Tanzbein schwingen, und so manche Gruppe Partylustiger lässt hier den Abend ausklingen.

Vor den Toren Hamburgs siedelten sich seit dem 16. Jahrhundert Fischer und Handwerker an. Seit 1703 durfte auch sonntags vor dem Kirchgang Handel getrieben werden, um den Fisch möglichst frisch an die Kunden zu bringen.

Geöffnet ist der Fischmarkt vom 1. April bis zum 31. Oktober sonntags von 5 Uhr bis 9:30 Uhr.

Interview mit Kevin Fehling

Kevin Fehling ist seit 2015 Inhaber des 3-Sterne- Restaurants »The Table«. 2019 kam für ihn und sein Team das Restaurant »The Globe« auf der MS Europa dazu. 2020 eröffnet seine »Puzzle Bar« in der HafenCity. Hier berichtet er von seinen Projekten.

Herr Fehling, ich erwische Sie gerade vor der Neueröffnung der »Puzzle Bar« in der HafenCity. Wie läuft das Projekt?

Eigentlich ganz gut. Aber wie das so ist, einen Monat vor der Eröffnung: Man hat viele Termine mit Architekten oder mit Lieferanten. Es ist gerade kein Picknick, wir sind alle unter Anspannung.

Ihr Restaurant »The Table« hat 3 Sterne, was hohe Anforderungen mit sich bringt. Woher kommt die Mo-

tivation für diesen Leistungsdruck? Sie könnten doch bequem drei »alltagstaugliche« Lokale betreiben.

Ich wollte mir von jung auf, ich denke, ich war in etwa 18 Jahre alt, selbst beweisen, dass ich es im Leben zu etwas bringen kann. Ich verbrachte früher meine Zeit lieber auf dem Skateboard, statt in der Schule aufzupassen. Nach der mittleren Reife war für mich klar, dass das mit dem Abitur nichts mehr wird, und ich wollte das machen, was mir gefällt. Mir hat immer die Gastronomie sehr gut gefallen. Meine Eltern waren mit mir sehr viel verreist, und nach einem Praktikum als Hotelfachmann konnte ich auch einmal in die Küche hineinschnuppern. Das hat mir so gut gefallen, dass meine

Entscheidung auf eine Ausbildung zum Koch fiel. Meine Mutter meinte dann: »Junge, wenn du das machst, dann mache es aber bitte richtig.«

Das war der eine Punkt, wo ich gesagt habe: »Okay, dann musst du eben zu den besten Köchen gehören, in Sternerestaurants arbeiten und im Idealfall deinen eigenen Stern bekommen.«

Der zweite Punkt ist eine persönliche Anekdote. Ich hatte damals eine große Liebe in Delmenhorst. Sie hatte Grafikdesign studiert und rechnete mir dann vor, was ich nach meiner Ausbildung und was sie verdienen würde. Da war für mich klar, dass ich mir nie mehr sagen lassen möchte, ich hätte es zu nichts gebracht. Also wollte ich umso mehr diesen Stern erkochen.

Ich hätte Sie eher so eingeschätzt, dass Sie schon immer zielstrebig waren, auch in der Schule.

Ich war schon immer zielstrebig, nur damals eben in eine andere Richtung. Meine Zeit verbrachte ich von morgens bis nachts auf meinem Skateboard. Das erforderte natürlich eine hohe sportliche Aktivität und viel Geschick und war sehr zeitintensiv.

Nach oben hin ist nun eigentlich Schluss. Entweder man behält die drei Sterne oder man verliert einen davon. Haben Sie manchmal Angst, dass es zu einem Verlust kommen könnte?

Schlaflose Nächte habe ich deswegen nicht, aber der Respekt ist definitiv da. Es ist keine Selbstverständlichkeit, gerade nach dem letzten Jahr, in dem gerade in Frankreich ganz stark aufgeräumt wurde. Es haben drei Kollegen, von denen man es nicht erwartete, den dritten Stern verloren. Dadurch hat man großen Respekt vor der Situation und nimmt nichts als selbstverständlich hin.

Wir arbeiten täglich hart daran, kreativ zu sein, und versuchen, uns kontinuierlich weiterzuentwickeln. Das ist meiner Meinung nach das Allerwichtigste. Nicht stehen zu bleiben, sich nicht von außen beeinflussen zu lassen, nicht nach links und rechts zu schauen, sondern einfach nur geradeaus. Das Vertrauen in die eigene Kreativität

und Handschrift ist unabdingbar zum Erhalt des dritten Sterns.

Wie sieht ein klassischer Arbeitsalltag im Leben von Kevin Fehling aus?

Aktuell habe ich keinen normalen Arbeitsalltag. Das liegt an der Neueröffnung der »Puzzle Bar«. Heute früh habe ich zum Beispiel um 9 Uhr angefangen. Ich habe mit Journalisten telefoniert, Termine abgesprochen und Verhandlungen geführt, sei es mit Lieferanten oder Händlern. Ich befinde mich gerade einen Monat vor der Eröffnung in der heißen Phase.

Im Normalfall beginnt mein Arbeitstag um 13 Uhr im »The Table« mit einer Besprechung mit meiner persönlichen Assistentin. Ohne sie könnte ich mir die zusätzlichen Projekte gar nicht erlauben. Sie kümmert sich um meine E-Mails, das Personalwesen, Reservierungen, die Buchhaltung und noch viel mehr. Wir verstehen uns ausgezeichnet und das ist ganz wichtig. Diese Absprachen dauern etwa eine Stunde. Danach führt mich mein Weg in die Küche. Dort kontrolliere und probiere ich. Wir haben kontinuierlich neue Gerichte auf der Karte. Diese wechseln

stets, außer ein paar »Signature-Gerichte« wie »Flowers for you«, die unsere kulinarische Handschrift zeigen und auf der Karte bleiben.

Die Zeit danach verbringe ich in der Küche, spreche aber auch mit David Eitel, unserem Sommelier und Gastgeber, über Weine und Buchungen. Zudem kommen noch einige Termine dazu.

Gegen 17:30 Uhr beginnt das Personalmeeting mit den Mitarbeitern und wir essen gemeinsam. Und dann kommen auch schon die ersten Gäste und der Abendservice beginnt.

Wenn jetzt dann auch noch die »Puzzle Bar« dazu kommt, werden Sie sich aufteilen müssen? Kann ich mir das so vorstellen wie bei Alfons Schuhbeck, der in München am »Platzl« zwischen seinen Läden hin und her geht?

Werden Sie dann auch durch die HafenCity wandern?

(lacht) Ja, so könnte das dann sein, denn die MS Europa legt ja passenderweise auch hier an.

Können Sie persönlich einen Restaurantbesuch noch genießen?

Ehrlich gesagt, liebe ich es, in ein Restaurant zu gehen, in dem man mich gar nicht kennt. Es kann durchaus mal sein, dass mich jemand auf der Straße erkennt. Allerdings ist das sehr selten und ich bin froh, nicht diesen Bekanntheitsgrad wie Tim Mälzer zu haben.

Eines meiner Lieblingsrestaurants ist das »Yoshi«, ein Japaner im Alsterhaus. Dort esse ich sehr gerne Sushi und Sashimi. Das Konzept dort ist sehr weltoffen, sehr puristisch.

Am Hochzeitstag darf es dann auch ruhig mal der »Katzentisch« statt dem Tisch am Fenster sein, um seine Ruhe zu haben.

Sie könnten mich auch fragen: »Wie finden Sie es, im eigenen Restaurant fotografiert zu werden?« Im Grunde genommen ist es eine große Ehre, denn man fotografiert nur Menschen, die man toll findet. Aber bei einem privaten Restaurantbesuch habe ich gern meine Ruhe.

Ich erinnere mich noch gut an einen Gang in Ihrem Restaurant: den »Pizza Bun«. Er ist definitiv auf der Liste der besten Dinge, die ich in meinem Leben gegessen habe. Erinnern Sie sich auch noch an ein Gericht, das Sie nie vergessen werden?

Ich liebe zum Beispiel neapolitanische Pizza. Gestern hatten wir eine Weinverkostung mit unserem Team. Wir haben circa 45 unterschiedliche Weine für die neue Bar

probiert. Dazu haben wir dann bei dem Restaurant »Jill« angerufen, die eigentlich gar nicht liefern, und haben uns zehn neapolitanische Pizzen bestellt. Das war großartig und mir geht das Herz auf, wenn ich eine richtig gute Pizza genießen darf.

Ich liebe Sushi und Sashimi, aber auch in jedem 3-Sterne-Restaurant finde ich immer wieder Gerichte, die mich begeistern.

Ich erinnere mich noch gut an eine gebratene Gänseleber mit einem Orangen-Biskuit oder an Grapefruitgelee mit einer Algen-Boullion. Diese Verbindung von Gänseleber und Alge geht mir nicht mehr aus dem Kopf. Das war ein Geniestreich von Jean-Georges Klein, den ich vor zehn Jahren genießen durfte.

Zu jedem Ihrer Menüs bieten Sie immer eine passende »Weinreise« an. Welches Weingut ist Ihr persönlicher Favorit?

Für zu Hause ist es für mich tatsächlich ein Weingut aus Südafrika. Von diesem Weingut wird es wahrscheinlich auch mittelfristig einen Hotdog-Wein für unsere neue Bar geben.

Wenn Sie in Ihrer Freizeit in

Hamburg unterwegs sind, wo trifft man Sie dann?

Eigentlich nur in Restaurants *(lacht)*, oder ich gehe spazieren. Ich gehe täglich eine Stunde spazieren, immer in eine andere Richtung, um den Kopf freizubekommen. Wir leben in Schleswig-Holstein und dort geht es sich sehr gut spazieren.

Hamburg macht kulinarisch so viel Spaß, deswegen gehe ich sehr gerne essen. Nicht nur aus beruflicher Sicht, sondern auch privat esse und trinke ich unglaublich gerne.

Welche Hamburger Persönlichkeit würden Sie gerne einmal treffen?

Ich habe ihn schon einmal getroffen, aber da ist nicht viel dabei herumgekommen: Udo Lindenberg. Er war gelegentlich Gast im »Columbia Hotel Travemünde«, in dem ich vorher angestellt war. Vor Kurzem traf ich ihn auf einer Veranstaltung auf der MS Europa. Die Hapag-Lloyd-Cruises lässt sich immer etwas Besonderes für die Mitwirkenden einfallen. Diesmal war es ein Privatkonzert mit Udo Lindenberg, der vor 50 Personen, unter anderem die beteiligten Köche und Winzer, spielte. Es waren bewusst Fotos und Videos untersagt, man konnte einfach diesen Moment genießen.

Ich persönlich würde mich sehr freuen, einmal neben Udo Lindenberg sitzen zu dürfen, um mit ihm ein paar Gläser Wein, ein tolles Menü oder einfach nur ein bis zwei Gänge genießen zu dürfen. Ich möchte mich gerne mit ihm unterhalten, denn ich denke, er ist eine grandiose Persönlichkeit. Er hat nicht nur für die Musikbranche oder die Kunst, sondern auch für die Menschlichkeit in Deutschland unglaublich viel getan.

Welche Assoziationen haben Sie zu folgenden Begriffen:

Travemünde: der Beginn von allem kulinarischem Erfolg.

Kaviar: ist mittlerweile kein Luxusprodukt mehr, sondern ein Muss für jeden Genießer. Denn die meisten Zuchtkaviarsorten sind besser als der damalige Wildkaviar.

HafenCity: Eine der größten Baustellen Europas, spannend und wir sind Teil davon.

No-shows: Gehen gar nicht.

Hummer Thermidor: Ein Klassiker von uns, den wir fast jedes

Jahr weiterentwickeln. Man kann ihn perfekt als moderne Version bei uns genießen, aber auch ganz klassisch in einem französischen Bistro.

Restaurantkritiker: Sind notwendig, aber auch nur dann, wenn sie das nötige Fachwissen besitzen und völlig unabhängig sind.

David Eitel: seit 15 Jahren an meiner Seite, fast wie meine bessere Hälfte, bester Freund, bester und unbekanntester Weinsommelier Deutschlands.

Prodigy: mein erstes Kochbuch mit Gerichten aus dem ersten Jahr der drei Sterne. Ein Mix aus Biografie und Rezepten. Der Titel »Prodigy« steht nicht für Wunderkind, sondern für die herangezoomten Planeten, die wie kleine Stickstoffperlen aussehen (und die Signature unseres Restaurants sind). »Prodigy« symbolisiert das »Wunder für alles«: dafür, dass ich kochen kann und darf und durch einen Zufall diesen wunderbaren Beruf gefunden habe.

Team: Ich kann das alles nur mit meinem Team umsetzen, und deswegen ist es das Allerwichtigste. Wir haben ganz besonders tolle Mitarbeiter.

Was würden Sie den Hamburgern gerne mitteilen, was liegt Ihnen am Herzen?

Als Gastronom möchte ich den Hamburgern sagen, dass wir uns in den letzten Jahren zusammen ganz toll entwickelt haben. Die Hamburger sind ein unglaublich tolles, ausgehfreudiges Völkchen. Gerne gehen sie auch mittags mal ein Weinchen trinken und gut essen. Das sollten sie beibehalten. Das ist allgemeine Esskultur und sollte ausgelebt werden.

Typische Hamburger Getränke

Bier war in Hamburg schon immer wichtig. Hamburg blickt auf eine mehr als 1.000 Jahre alte Biergeschichte zurück und hat damit eine der ältesten Brautraditionen in Deutschland. Im 14. Jahrhundert war jeder zweite Gewerbetreibende Brauer, im 15. Jahrhundert gab es mehr als 500 Hamburger Brauereien und nirgends wurde zwischen dem 13. und 15. Jahrhundert mehr Bier gebraut. Fässerweise wurde das Bier nach Holland, Frankreich und England exportiert und bescherte der Hanse ein hohes Einkommen.

Heute gibt es nur noch wenige Brauereien in Hamburg. Zu den bekanntesten Marken zählen Astra, Ratsherrn oder Holsten.

Auch einer großen Beliebtheit erfreut sich der Kümmelschnaps (Niederdeutsch: »Köm«). Der bekannteste ist wohl der Köm der Marke Helbing.

Reicht man Bier und Köm zusammen als Gedeck, nennt man sie »Lütt und Lütt«. Früher wurde die Kombination mit 10 cl Bier und 1 cl Schnaps in kleinen Gläsern serviert, heute oftmals mit 0,2 oder 0,33 l Bier mit 2 cl Kümmel oder Korn.

Doch auch eine Wassermarke aus Hamburg sollte man unbedingt kennen. »Viva con Agua« ist ein internationales Netzwerk, das sich für einen menschenwürdigen Zugang zu sauberem Trinkwasser überall auf der Welt einsetzt.

Wer die Wasserflaschen der Marke kauft, unterstützt das großartige Projekt. »Wasser für alle, alle für Wasser!«, lautet das Credo.

Kaum noch aus der Hamburger Kneipenszene wegzudenken ist der »Mexikaner«. Jedes Lokal hat sein eigenes Rezept und bietet den besten Mexikaner der Stadt an. Erfunden wurde das Kultgetränk in der Kneipe »Steppenwolf« auf St. Pauli, die es heute nicht mehr gibt.

Das Grundrezept beinhaltet auf jeden Fall normalen und scharfen Tomatensaft, Schnaps (Korn, Wodka oder Tequila) und Gewürze wie Salz, Pfeffer, Tabasco oder Chilis.

Auf St. Pauli sagt man: »Ein guter Mexikaner brennt dreimal. Einmal beim Trinken, einmal auf der Toilette und am nächsten Tag dem Kanalarbeiter in den Augen.«

Interview mit Viola Vierk – Inhaberin des »Spicy's Gewürzmuseum«

Ein ganz besonderes Museum befindet sich direkt im Herzen der Speicherstadt, das »Spicy's Gewürzmuseum«. Viola Vierk ist die Inhaberin.

Frau Vierk, bei Ihnen kann man auf 350 qm die Welt der Gewürze kennenlernen. In Ihrem Museum kann man den Prozess vom Anbau bis hin zum fertigen Produkt mitverfolgen.

Wie kamen Sie auf die Idee zu diesem besonderen Museum?

Ich habe ursprünglich im internationalen Gewürzhandel, Im- und Export, gearbeitet und bin auch viel in den Ursprungsländern der Gewürze gewesen. Dort ist dann zusammen mit einem meiner ehemaligen Kollegen irgendwann die Idee entstanden, ein Gewürzmuseum zu eröffnen. Es war einfach abzusehen, dass sich viel bei der Produktion ändern würde und somit Dinge wie Gewürzsiebe oder einfache Aufbereitungsgeräte

bald nicht mehr zum Alltag gehören würden. Die Sammelleidenschaft begann und am 01.04.1993 war es soweit: Das Gewürzmuseum wurde in der Hamburger Speicherstadt eröffnet und es kommen seitdem immer wieder Exponate zur Sammlung dazu.

Pfeffer, Zimt, Vanille, diese Gewürze kennt man. Welches Gewürz ist Ihr ganz besonderer Geheimtipp?

Eines meiner Lieblingsgewürze ist wild wachsender Schokoladenpfeffer aus Indien, der tatsächlich schmeckt, als wäre es eine Mischung aus Pfeffer und Schokolade, was aber nicht stimmt. Diesen tollen Pfeffer kann man im Sommer herrlich auf frische Erdbeeren streuen oder mit ihm im Winter eine heiße Trinkschokolade kreieren.

Safran gilt als das teuerste Gewürz der Welt. Was macht Safran so teuer?

Safran ist eine ganz besondere Krokusart, die Hauptanbauländer sind Iran und Spanien. Es ist das einzige Gewürz, das auch heute noch in reiner Handarbeit angebaut und geerntet und auch nur kiloweise gehandelt wird. Man benötigt etwa 150 000 Blüten à 3

Fädchen, um ein Kilo Safran zu bekommen. Wenn man aber bedenkt, dass man es nur fädchenweise verwendet, ist es eigentlich nicht teurer als jedes andere Gewürz auch.

Ihr Museum befindet sich direkt in der Speicherstadt. Haben Sie diesen Standort bewusst ausgewählt?

In der Hamburger Speicherstadt hat für Hamburg die Gewürzlagerung und der Handel so richtig begonnen. Wo also sonst sollte ein Gewürzmuseum sich ansiedeln, wenn nicht in einem mittlerweile über 130 Jahre alten Speicher?

Hier fühlt man noch so richtig den Umgang mit Gewürzen. Es ist der beste Standort, den man sich vorstellen kann.

Die Gewürze kann man bei Ihnen auch einkaufen. Welches ist denn das Beliebteste?

Wir haben mittlerweile in unserem Museums- und Onlineshop eine eigene Produktlinie mit teilweise extra von uns entwickelten sehr beliebten Gewürzmischungen zum Verkauf. Da die Deutschen leider oftmals sehr faul beim Würzen sind und jeder Mensch einen komplett anderen Geschmackssinn hat, ist es sehr unterschiedlich, was gekauft wird. Klassiker sind sicherlich Zimtblüte, Schokoladen- und langer Pfeffer, Chakalakka oder Karibiktraum. Auch die sogenannte Gelenkwunder-Mischung aus Kumin, Koriander und Muskat zählt zu den Bestsellern.

Hamburgliebe ist das Motto dieses Buches, sind Sie verliebt in Hamburg? Wo ist es am schönsten?

Ich bin in Hamburg geboren, habe hier im Gewürzhandel gelernt, meine Kinder bekommen, das Gewürzmuseum gegründet und es ist mein Zuhause. Wenn ich aber ganz ehrlich bin, bin ich eher in Italien verliebt, dem Land, aus dem mein Urgroßvater stammte.

Ich denke, man sollte außer der Speicherstadt, die ja mittlerweile Weltkulturerbe ist, ganz sicherlich den herrlichen Blick über den Hafen vom Michel aus genießen.

HAMBURG LIEBE IST WEIBLICH

Die Hansestadt hat viele starke Frauen hervorgebracht.
Hamburgliebe stellt hier einige vor.

Frauenpower damals Heidi Bertha Auguste Kabel (1914–2010)

Heidi Kabel galt als Inbegriff der »Hamburger Deern«. Sie wurde im Haus »Große Bleichen 30«, direkt gegenüber dem ehemaligen Sitz des späteren Ohnsorg-Theaters geboren. Kabels Karriere sollte die einer Konzertpianistin werden, sie scheiterte aber am mangelnden Talent. 1932 begleitete sie eine Freundin zum Vorsprechen in die »Niederdeutsche Bühne Hamburg« (dem heutigen Ohnsorg-Theater) und wurde dort entdeckt.

In diesem Theater, das Stücke in plattdeutscher Sprache aufführt, erhielt Kabel ihr erstes Engagement, sie nahm Schauspielunterricht und blieb 66 Jahre auf der Bühne.

Am Silvesterabend 1998 nahm Heidi Kabel im Alter von 84 Jahren Abschied von der Bühne. Sie kam aber 2006, im Alter von 92 Jahren, wieder kurz zurück, um eine kleine Rolle an der Seite ihrer Tochter einzunehmen.

Auch als Sängerin wurde Heidi Kabel berühmt. Sie nahm einige Schallplatten mit meist Hamburger Liedern auf. Bekannt sind unter anderem die Titel »Mein Ham-

burg, ich liebe dich« Oder »In Hamburg sagt man Tschüss«.

Besonders beliebt war Kabel für ihr großes Herz und ihr soziales Engagement. So unterstützte sie unter anderem Obdachlosenprojekte oder das Kinderheim St. Pauli.

Im Alter von 95 starb sie an Altersschwäche. Die Trauerfeier in der St.-Michaelis-Kirche wurde sogar im NDR übertragen.

2011 wurde eine lebensgroße Bronzefigur von Heidi Kabel auf dem »Hachmannplatz« eingeweiht. Gleichzeitig wurde ein Teil des Platzes vor der neuen Spielstätte des Ohnsorg Theaters in »Heidi-Kabel-Platz« umbenannt. Das Ohnsorg Theater trägt heute die Postadresse »Heidi-Kabel-Platz 1«. Das hätte ihr sicher sehr gut gefallen.

Fast jeder Hamburger kennt das Lied vom »Jung mit'n Tüddelband«. Das Original stammt von den Gebrüdern Wolf, die im frühen 20. Jahrhundert bekannt wurden. Heidi Kabel hat diesen Gassenhauer oft und immer wieder gern gesungen.

Im Mai 2019 hat Hamburg nun sogar eine eigene Bronzeskulptur in der Neustadt bekommen, die den Jungen mit dem Tüddelband zeigt.

Ein Tüddelband ist nicht etwa ein Stück Schnur, sondern ein Fassreifen, den Kinder zum Spielen mit einem Stock vor sich hertrieben.

Frauenpower heute: Interview mit Eve Champagne

Eve Champagne ist Burlesque-Rockstar, Showgirl und Host bei Olivia Jones. Die St.-Pauli-Deern ist die Powerfrau schlechthin. Zeit für ein Interview mit ihr.

Eve, du kommst ja eigentlich aus Bremen. Was hat dich nach Hamburg verschlagen?

Das war Deutschlands damalige erste Burlesque-Bar, das »Queen Calavera« in der Gerhardstraße. Und natürlich auch der Traum, der viele hierher führt: als Showgirl und gleichzeitig auch in Deutschlands Entertainment-Hauptstadt bekannt zu werden. Hamburg ist Bühnenstadt, Musicalstadt und »Sex-sells«-Stadt. Zudem liegt Hamburg nah an meiner Heimat-stadt Bremen, wo ich meine erste große Liebe auch gelassen habe. Nach einem Jahr Beziehung sagte ich zu ihm: »Ich gehe nach Hamburg, um meinen Traum wahr werden zu lassen.« Diesen Traum hätte ich nie für einen Mann auf-gegeben. Das ist jetzt 12 Jahre her, die Beziehung hat gehalten und meinen Traum konnte ich auch verwirklichen. Die Geschichte von St. Pauli und das Rotlichtmilieu haben mich schon immer fasziniert.

Ich habe auch ein Zitat zum Kiezleben. Und zwar hat jemand über dich gesagt: »Du solltest Eve Champagne zum Thema Kiezleben befragen. Sie ist das Paradebeispiel dafür, wie man sich mit viel Mut, Einsatz, Arbeit und Leidenschaft auf St. Pauli neu erfinden kann. Eine tolle Frau und ein wunderbarer Mensch mit unglaublichen Facetten. Die Welt bräuchte viel mehr bunte Persönlichkeiten wie sie, die dennoch

ganz viel Bodenhaftung und Durchhaltevermögen haben.«

Oh, geil, wie schön. Da bin ich ja mal gespannt, wer das gesagt hat.

Deswegen frag ich dich jetzt einfach mal: Wie ist das Kiezleben denn so?

Das Kiezleben ist für mich genau das Richtige. Es ist sozusagen die Serengeti für uns Exoten. Es hat sehr viel Toleranz, sehr viel Menschlichkeit, sehr viel Empathie. Aber das Kiezleben zeigt auch jedem, der in einer Glitzerwelt lebt, dass Aufstieg und Fall sehr nahe beieinander liegen. Das Kiezleben zeigt, wie das wahre Leben ist. Es ist nicht nur schön, sondern auch anstrengend und kann sehr tragisch sein. Das führt dir St. Pauli täglich vor Augen. Genau das schätze ich: nicht nur das Schöne, sondern auch das Dreckige und Fatale. Das ist das, was mich jeden Tag leben und atmen lässt. Deshalb freue ich mich auf jeden Tag und weiß auch, dass man auch aus den dunkelsten Tagen wieder heraus kommt.

Die St.-Paulianer sind eine große Familie. Davon habe ich schon als Kind geträumt. Früher klingelte man bei seiner Freundin an der

Tür und die kam dann raus zum Spielen, als es noch keine Handys gab. Und das habe ich hier auf St. Pauli auch. Ich bin die Mutti hier, bei mir klingeln die Dragqueens genauso wie der Rosenverkäufer, und jeder bekommt bei mir einen Kaffee.

Wie bist du bei Olivia Jones gelandet?

Olivia kam auf mich zu. Sie kannte mich aus dem »Queen Calavera« und aus dem Stadtteil. Olivia arbeitet und lebt ja wie ich auf St. Pauli. Vor acht Jahren hat sie dann hier den »Olivias Show Club« eröffnet. Sie sagte zu mir: »Hey, du bist ne coole Socke und ich würde dich gerne als Gesicht für meinen neuen Laden nehmen.« Ich war erst total baff und freute mich dann riesig. Denn wenn die »Bürgermeisterin von St. Pauli« anklopft, bist du natürlich mit da-

bei. Olivia war für mich immer ein großes Vorbild, da sie schon über zwei Jahrzehnte im Geschäft ist. Dafür bin ich ihr sehr dankbar und auch sehr ehrfürchtig vor dieser Verantwortung.

Und der Traum geht noch weiter, du bist jetzt Host bei »Bunny Burlesque«.

Das »Bunny Burlesque« wurde von Olivia Jones im April 2019 eröffnet. Ich bin dort die Gastgeberin und stehe selbst auf der Bühne. Damit ist wirklich ein Traum in Erfüllung gegangen, den ich gar nicht mehr gehofft hatte zu träumen. Nachdem ich das »Queen Calavera« damals mit aufgebaut hatte, Burlesque in Deutschland bekannt gemacht habe und der Laden dann leider schließen musste, dachte ich nicht daran, dass es noch mal so eine Möglichkeit gibt. Was wieder zeigt: Ich bin 35 und

gehöre noch lange nicht zum alten Eisen. Im »Bunny Burlesque« koordiniere ich die Künstlerinnen, das Booking und schaue, dass die Shows gut ablaufen, und kümmere mich um die Gäste. Das Besondere für mich ist, dass ich nun endlich wieder was für meinen Kopf mache, ich muss viel planen und nachdenken, und das habe ich im Laufe der Jahre vermisst. Nun arbeite ich wieder mit Künstlerinnen aus der ganzen Welt zusammen. Teilweise habe ich mit ihnen schon vor zehn Jahren zusammengearbeitet. Mit ihnen im »Bunny Burlesque« wieder zusammenzusitzen, ist teilweise sehr surreal, aber auch wunderschön. Olivia hat uns allen die Chance gegeben, die Vergangenheit des Burlesque wieder in die Zukunft zu bringen.

Du hast in einem Interview gesagt, dass du irgendwann einmal ein kleines Boutique-Hotel mit einer Cabaret-Bühne eröffnen möchtest.

Ja, das wäre cool. Aber jetzt habe ich ja eine größere Bühne – wobei, so groß ist die Bühne eigentlich gar nicht. Noch habe ich keine Stundenzimmer über dem »Bunny

Burlesque«, aber wer weiß, was noch kommt.

Eve, bist du verliebt in Hamburg?

Ich bin definitiv verliebt in Hamburg. Als Teenager habe ich diese Stadt so sehr gehasst und hielt sie für überschätzt – jetzt kann ich mir nicht mehr vorstellen, hier wegzugehen. Wobei ich sagen muss, dass Hamburg die eine Sache ist: eine der schönsten und vielseitigsten Städte mit der Alster, dem einzigen innerstädtischen See, auf dem man segeln kann, und mit seiner Elbe. Aber verliebt bin ich in St. Pauli, es wird mich nicht loslassen. St. Pauli ist mein Herz und meine Seele, meine Vergangenheit und meine Zukunft.

Welche sind deine Hotspots?

Natürlich ganz vorne mit dabei ist mein »Bunny Burlesque«. Gefolgt von Olivias »Wilden Jungs«, dem einzigen Stripklub, in dem nur Frauen Zutritt haben und Männer draußen bleiben müssen. Ich mag auch sehr gerne die Restaurant- und Kneipendichte hier auf St. Pauli. Wir haben sehr viele schöne, gute und wundervolle Sachen, die man nicht erwartet, besonders in den Seitenstraßen von St. Pauli, wo sich viele Gäste nicht hintrauen.

Eine weitere Eve-Geschichte: Du bist in der »Old Sailor Bar« im Sparclub.

Ja, wer hätte das gedacht. Dieses Jahr fliege ich als jüngstes Mitglied sogar mit dem kompletten

Sparclub nach Griechenland. Die Reise finanziert sich bei uns aus den Strafgeldern des Sparclubs.

Wir zahlen mindestens 4 Euro in der Woche ein, 2 Euro gehen an die Lottogemeinschaft und 2 Euro werden gespart. Wer nicht einzahlt, muss ein Strafgeld zahlen. Das ist auch ganz gut für mich, ich brauche einfach eine starke Hand in jeder Lebenslage.

Am 25.11.2009 hast du getwittert: »Lebensentscheidendes Vorstellungsgespräch«.

Lass mich kurz überlegen. 2007 habe ich als Burlesque-Tänzerin angefangen. Dann dürfte es das Gespräch mit Olivia Jones gewesen sein.

Es gibt eine Instagram-Seite mit dem Namen »Eves Kitchen Diary«. Da sieht man dich durch das Fenster deiner Küche in den unterschiedlichsten Lebenslagen und mit den unterschiedlichsten Menschen. Wie kam es dazu?

Die Seite betreibt mein Nachbar Max, der mir im Innenhof gegenüber wohnt. Er fotografiert immer in meine Küche rein, manch-

mal weiß ich davon und manchmal nicht. Mein Nachbar hat diese Seite entworfen, eigentlich ist er ein Rock'n'Roller, der fürs Wacken-Festival arbeitet.

Die Seite schlägt gut ein, denn es zeigt mich privat, in meinem ganzen Wahnsinn und Dasein und meine Gastfreundlichkeit. Diese Instagram-Seite ist mehr »Ich« als ich jemals auf meinen eigenen Seiten preisgebe.

Kommen wir noch mal zurück zu deiner Anfangszeit. Wie war der »Club Calavera«?

Man kann sagen, dass dies die Geburtsstätte des deutschen Burlesque war. Wunderschön am Anfang, aber leider auch in einer Seitenstraße gelegen, sodass die Laufkundschaft uns nur schwer finden konnte. Leider wurde auch die Burlesque-Szene zu dieser Zeit immer größer und es kam Neid auf, was sehr schade war.

Allerdings sind alle, die damals diese gute Anfangszeit mitgemacht haben, jetzt im »Bunny Burlesque« untergekommen.

Was können wir in Zukunft noch von dir erwarten?

Ich überlege, ob ich dieses Boutique-Hotel aufmache oder als Bordellmutter arbeite. (*lacht*)

Sollte mein Name in Zukunft noch bekannter werden, möchte ich auch viel Body Positivity vermitteln. Ich möchte mit Frauen arbeiten, die kein Selbstwertgefühl haben. Und wenn es mir irgendwann reicht, mache ich eine Tauchschule mit Fallschirmsprungstation gleichzeitig auf. (*lacht*) Alle meine Erwachsenenträume wurden erfüllt und alles, was jetzt noch auf mich zukommt, ist eigentlich ein Plus. »Karma goes around and comes around«, es kommt alles Positive irgendwann zu einem zurück.

Bist du ein guter Mensch, widerfährt dir auch Gutes, das habe ich selbst schon oft erlebt.

Die Liste der Sachen, die du gemacht hast, ist lang. Die Busters haben dir mit »Evil Eve« einen Song gewidmet, du moderierst das »Burlesque Festival«, du warst in diversen Fernsehsendungen. Von »Frauentausch« bis hin zur »Oliver Pocher Show«. Ja, selbst ein Schließfach in der Rindermarkthalle trägt deinen Namen. Du hast alles erreicht, oder?

Ja, ich bin auch Teil des »St. Pauli Museums«. Nach mir wurde im »Clouds«, einer der besten Bars in Hamburg, ein Cocktail mit echtem Gold kreiert. Das wertschätze ich, aber manchmal denke ich auch: »Alter, sind die bescheuert, oder was?« Solche Sachen stellen mich auf ein Podest, was aber immer noch menschlich ist.

Woran liegt es deiner Meinung nach, dass dich die Leute so mögen?

Authentizität. Ich eskaliere nicht, ich bin nicht zickig, ich bin nicht eifersüchtig, ich gönne Menschen sehr viel. Ich helfe sogar dann, wenn andere Menschen sich wundern, warum ich das tue. Aktuelles Beispiel ist Setty Mois, eine Nachwuchskünstlerin im »Bunny Burlesque«, die 14 Jahre jünger ist als ich. Sie ist ein großes Talent und ich gebe ihr die Bühne, weil

sie so hart gekämpft hat wie ich. Und wenn ich dann weg bin, dann weiß ich wenigstens, dass ich meinen Nachwuchs selbst gezüchtet habe. (*lacht*) Zudem bin ich schon sehr lange da und eine Menschenliebhaberin. Ich liebe Menschen und ich liebe ihr Verhalten und ihr Aussehen. Ich liebe auch Erlebnisse, zum Beispiel Livekonzerte. Und das macht mich aus: dass ich gerne was mit Menschen, auch mit

Fremden, unternehme und ihre Leben teile. Ich sauge das Ganze nicht nur auf oder nutze es aus, sondern genieße das wirklich.

Wo endet für dich Selbstbewusstsein und wo beginnt Arroganz?

Ich vermittle in meinen Posts immer, dass ich nicht arrogant, sondern selbstbewusst bin. Selbstbewusstsein sieht immer nur von unten aus wie Arroganz, sagt man. In meinen Posts will ich auch immer eines vermitteln: Ungeschminkt sehe ich genauso bescheuert aus wie jeder Andere. Ich gehe auch immer mit stolz geschwollener Brust hinaus, weil ich weiß, dass ich schön sein kann,

wenn ich mir Mühe gebe. Schönheit kommt von innen. Auch wenn ich ungeschminkt durch die Straßen gehe, habe ich immer ein Lächeln im Gesicht. Manchmal, wenn ich ungeschminkt außer Haus gehe und eine Person aus dem Nachtleben treffe, weiß ich nicht, ob sie mich erkennt. Grüße ich dann, werde ich oft nicht erkannt. Grüße ich mal nicht, heißt es gleich: Hey, was ist denn mit der los? Das ist ein schmaler Grat. Arroganz kenne ich nicht. Wertschätzung schon, für meine eigenen Sachen, aber Arroganz definitiv nicht. Perfektion ist auch etwas, das einen selbst zerstört. Deshalb arbeite ich darauf nicht hinaus. Ich möchte auch nicht »Everybody's Darling« sein. Ich muss und will das nicht. Ich strebe nach meinem eigenen Glück, würde dafür aber nicht über Leichen gehen.

Wenn dein Leben einmal verfilmt werden sollte, wer spielt dich in der Hauptrolle?

Jessica Rabbit auf jeden Fall! Und auch wenn jemand jetzt sagt: Jessica Rabbit ist eine Zeichentrickfigur, wenn ich Jessica Rabbit unter Vertrag haben will, bekomme ich Jessica Rabbit. *(lacht)*

Wenn du dir ein Video aussuchen könntest, eine Sequenz aus deinem Leben, die du dir immer wieder anschauen könntest, welches wäre es?

Das ist der Moment, in dem ich wirklich Ehrfurcht hatte. Das war vor ungefähr zwei Jahren, als ich merkte, wie krass ich eigentlich meinen Lebenstraum erfüllt habe. Ich war in der Garderobe zusammen mit Lilo Wanders und Olivia Jones. Ich setzte meine LED-Krone von der Eisprinzessin auf, guckte in den Spiegel und hielt mich für das Salz der Erde. Beim Blick in den Spiegel sah ich dann meine beiden Vorbilder dort sitzen, die ich als Teenager immer wieder bewunderte. In diesem Moment entfuhr mir ein lautes, glückliches Juchzen, als ich die Situation realisiert hatte. Die beiden hatten das natürlich gehört und fragten mich, was denn sei, und ich so: »Gar nichts.« Und bin feuerrot angelaufen.

Welche Person würdest du denn gerne noch kennenlernen?

Auf jeden Fall Dwayne »The Rock« Johnson. Der ziert auch meine liebste Kaffeetasse. Ich würde meine Boulder-Schuhe anziehen und auf seinen Rücken steigen. Er ist mein heiliger Gral,

sonst habe ich alle kennengelernt, die ich kennenlernen wollte. Hildegard Knef hätte ich sehr gerne noch kennengelernt. Die Frau hatte gar keine Stimme, war aber eine der begnadetsten Sängerinnen. Wie bei mir: Ich kann nicht tanzen und bin die berühmteste Burlesque-Tänzerin, was mich immer noch wundert. *(lacht)* Aber dafür kann ich Leute entertainen. Hildegard hatte in etwa dieselbe Stimmlage wie ich und ein wirklich abgefahrenes Leben, daher würde ich sie gerne treffen.

Wenn du eine allgemeingültige Regel aufstellen könntest, an die sich alle Menschen halten müssen, was wäre das?

Bringe niemals jemanden in Verlegenheit. Weder dich noch dein Gegenüber. Das passiert mir auch

immer wieder bei meinen Kieztouren. Ich schlage manchmal über die Stränge, aber sobald ich merke, dass jemand durch mich in Verlegenheit geraten ist, switche ich zurück und entschuldige mich auch dafür. Ekel oder Angst kann man oft durch Konfrontation überwinden. Aber wenn jemand in Verlegenheit ist, sollte man niemals weitergehen. Ich würde es gerne jedem verbieten, in jemandem dieses Gefühl auszulösen.

Eve, was möchtest du uns noch gerne erzählen?

Ich möchte euch eine wahre Geschichte erzählen, die aktuell zur »Me-too-Kampagne« passt. Ich wohne ja hier auf St. Pauli, und da gibt es eine große Kreuzung, über die ich im Sommer mit Minirock und High Heels lief. Ne-

ben mir hielt ein BMW, in dem zwei junge Typen saßen. Die beiden pfiffen mir hinterher und riefen die übelsten Sachen, unter anderem: »Hey, zeig mal deine geile Fotze.« Also habe ich mich umgedreht und bin zum Auto gelaufen. Dann sagt einer der Typen: »Zeig mal deinen geilen Arsch.« Also hab ich meinen Rock gehoben und furze dem Typen mitten ins Gesicht. Danach habe ich meinen Rock glatt gestrichen und bin ganz entspannt zu meiner Haustüre gelaufen. Was ich damit sagen möchte: Man sollte ganz klar »Stopp« sagen, wenn einen jemand in Verlegenheit bringt. Klar sind nicht alle in solchen Momenten so kreativ, aber ein klares Nein genügt oft schon. Auch wenn dich ein anderes Mädchen fertigmacht, sei nicht beleidigend zu ihr. Frage dich, warum sie es tut, vielleicht ist sie unglücklich mit sich selbst. Lade sie auf ein Bier ein und zeige ihr, wie cool du wirklich bist. Das will ich den Menschen mitgeben: Unterstützt euch gegenseitig statt euch fertigzumachen. Und wenn ihr wirklich neidisch und eifersüchtig seid, dann macht es besser.

Frauenpower damals: Domenica Niehoff

Domenica Niehoff war wohl Deutschlands bekannteste Prostituierte. Geboren in Köln, wuchs sie zunächst in einem katholischen Waisenhaus auf. Mit 17 Jahren lernte sie einen 25 Jahre älteren Mann kennen und stieg mit 27 Jahren in die Prostitution ein, nachdem sich ihr Lebensgefährte das Leben genommen hatte.

Mehr als zehn Jahre hatte Domenica ein Zimmer in der Herbertstraße und arbeitete, was in der Branche eher unüblich war, ohne Zuhälter. Später betrieb sie auch ihr eigenes Domina-Studio.

Zusammen mit Sozialarbeitern setzte sich Domenica dafür ein, dass Arbeitsplätze für ehemalige Prostituierte geschaffen werden. Später wurde sie selbst Streetworkerin. Auch für die Legalisierung ihres Berufsstandes machte sich Domenica immer wieder stark und trat dafür sogar in Fernsehsendungen auf.

Viele Männer verehrten Domenica. Sie hatte Kontakte zu Prominenten und diente einigen sogar als Muse.

Sie starb im Februar 2009 im Krankenhaus Altona an den Folgen eines Lungenleidens.

Frauenpower heute: Interview mit Sünje Nicolaysen

Sünje, dein aktuelles Projekt ist dein Buch »Der ultimative Bier-Guide-zum-Kenner in 222 Grafiken«. Wie kam es zu dieser Idee?

Tatsächlich bin ich schon immer Biertrinkerin gewesen. Und als das Thema »Craft Beer« aufkam, wollte ich mehr drüber erfahren, fand aber kein Buch für Anfänger. Also habe ich mir kurzerhand mein eigenes Erklärbuch geschrieben.

Sünje ist ein Küstenkind, aber seit fast 20 Jahren Großstadtdeern. Die Redakteurin, Autorin und Texterin ist Online-Profi und total verknallt in Hamburg.

Was erfahren wir in deinem Buch?

Es widmet sich Bier von vielen verschiedenen Seiten. Ich erzähle zum Beispiel die spannende Braugeschichte vom ersten Bier bis hin zur »Craft-Beer-Bewegung« und erkläre, warum diese neue Bier-Vielfalt eigentlich eine Hinwendung zu dem ist, was wir mal hatten. Und damit man die neuen, kreativen Biere besser versteht, zeige ich, wie Bier gebraut wird und was die Rohstoffe Hopfen, Malz und Hefe so besonders macht. Malz kann zum Beispiel Schoko-Aromen ins Bier bringen und der Hopfen Nuancen von der tropischen Ananas bis hin zu Pfefferminz-Noten und Kräutergeschmack. In einem großen Kapitel stelle ich verschiedene Bierstile vom Altbier bis hin zum englischen Porter vor und zeige auch, wie man lernen kann, möglichst viel aus einem Bier heraus-zuschmecken. Das ist tatsächlich reine Übungssache.

Was hast du vorher noch nicht über Bier gewusst und durch deine Recherche erfahren?

Ich habe bei der Recherche fürs Buch und bei den vielen Gesprächen mit Experten jeden Tag dazugelernt. Und ich war jedes Mal wieder erstaunt. Hamburg zum Beispiel war im Mittelalter ein richtiges Brauzentrum. In der Stadt gab es etwa 530 Brauereien bei gerade mal 8.000 Einwohnern.

Du hast Bier-Yoga gemacht, dein eigenes Bier gebraut und dich durch die Bierwelt getestet. Welches Bier ist denn nun dein Liebling?

Tatsächlich denke ich da eher in Bierstilen und entscheide ganz nach Laune, Wetter und Jahreszeit, wonach mir ist. Im Sommer kann das gern mal ein fruchtiges Sauerbier oder ein belgisches Wit-Bier sein, in den kälteren Jahreszeiten trinke ich gern dunkle Biere. Gern auch mal ein stärkeres Stout, das ist ein englischer Bierstil mit Schokolade- und Kaffeearomen.

Bist du verliebt in Hamburg?

Absolut. Und zwar immer wieder neu, wenn ich an der Elbe und am Hafen bin und die Möwen über meinem Kopf herumfliegen. Als echtes Nordseekind habe ich dort immer das Gefühl, dass das Meer zum Greifen nah ist.

Sünje, mal ganz privat: Welche sind deine Lieblingsorte in Hamburg?

Das kann ich ganz klar beantworten: der Hafen und die Elbe. Die Bunthaus- und die Wildwuchs-Brauerei sind auf der anderen Elbseite im Stadtteil Wilhelmsburg angesiedelt. An schönen Sommerabenden radeln wir manchmal durch den Alten Elbtunnel und durch das Hafengebiet zu den Brauereien, um uns dort in den Schankräumen mit Freunden auf ein gutes Bier zu treffen. Es ist definitiv die allerschönste Anreise zu einem Bierabend!

Wenn du eine Hamburger Persönlichkeit treffen könntest, wer wäre das und warum?

Tatsächlich würde ich sehr gern mal zwei, drei Biere mit Ina Müller trinken. Wir könnten uns wunderbar über Bier und unsere Dorfkindheit austauschen. Spätestens nach dem zweiten Glas würde ich dann auch glatt auf Plattdeutsch mit ihr schnacken.

burger in der Flüchtlingskrise, die großen Unruhen und das Danach beim G20-Gipfel bis hin zu sagenhaft großen Demonstrationen gegen den Rechtsruck in unserer Gesellschaft. Immer wieder wird mir bewusst, dass ich in einer weltoffenen Stadt lebe, die nicht nörgelt und jammert, sondern anpackt.

Man sagt, in Städten mit Hafen haben die Menschen noch Träume. Wie sieht dein Traum für die Zukunft aus?

Für Hamburg wünsche ich mir, dass sich die kleinen Brauereien halten können, vielleicht noch ein paar dazukommen. Ich freu mich auch, wenn sich noch mehr Hamburger für gutes Bier begeistern. Außerdem wäre es schön, wenn Hamburg noch mehr auf die Themen Umwelt und Nachhaltigkeit setzt, sich keine Autos mehr durch die Stadt schieben und stattdessen am Beispiel Kopenhagen abgeguckt wird, wie man das Fahrradfahren in der Stadt noch attraktiver und vor allen Dingen sicherer gestalten kann. Es wäre alles etwas entspannter, das passt eigentlich auch viel besser zur norddeutschen Mentalität.

Auf deiner Homepage »Misses schreibt« kann man verschiedene Texte von dir lesen. Welche ist deine schönste / beste / lustigste Hamburggeschichte?

Da kann ich mich nicht entscheiden, denn in den 20 Jahren, in denen ich in der Stadt lebe, schreibt Hamburg immer wieder neue Geschichten, die unsere ganze Stadt bewegen. Das reicht von den Derby-Spielen, bei denen gefühlt jeder mitfiebert, über das riesengroße Engagement vieler Ham-

Frauenpower damals: Loki Schmidt (1919 – 2010)

Man kennt Loki Schmidt als Ehefrau des ehemaligen Bundeskanzlers Helmut Schmidt. 30 Jahre arbeitete sie als Lehrerin – die Loki-Schmidt-Schule erinnert an sie.

Loki war die wohl bekannteste Natur- und Pflanzenschützerin Deutschlands. Ihr Einsatz für gefährdete Pflanzen führte sie immer wieder zu zahlreichen Forschungsreisen, unter anderem auf die Galapagos-Inseln und zur Gründung des »Kuratoriums zum Schutze gefährdeter Pflanzen«, welches später zur Stiftung wurde. Noch heute verleiht die Stiftung den Umweltpreis »Loki-Schmidt-Silberpflanze« an Menschen, die sich für die Umwelt einsetzen. Jährlich gibt es die Auszeichnung »Blume des Jahres«. Bis 1980 wurde die Blume des Jahres von Loki persönlich gezeichnet und der Öffentlichkeit präsentiert.

1997 veröffentlichte sie nach zwei Jahren Recherche und unzähligen Reisekilometern den Bildband »Die Botanischen Gärten in Deutschland«.

Die Schmidts unterhielten ein Ferienhaus am Brahmsee in Schleswig-Holstein, an den sich Lokis geliebter Urwald anschloss, auf dem sich die Natur so entwickeln konnte, wie sie es wollte.

2009 wurde ihr die Ehrenbürgerschaft vom Hamburger Senat verliehen.

Die öffentliche Anteilnahme an ihrem Tod 2010 war überwältigend. Tausende strömten zum Hamburger Michel, um ihr die letzte Ehre zu erweisen.

Sie war eine bemerkenswerte Frau, die so viel mehr zu bieten hatte, als nur die Ehefrau von Helmut Schmidt zu sein.

Loki-Schmidt-Garten in Flottbek.

Frauenpower heute: Anna vom Quidditch-Team

Wer zu bestimmten Zeiten im Stadtpark unterwegs ist, der bekommt eine ganz besondere Sportart zu sehen: Quidditch!

Quidditch hat seinen Ursprung in den Harry-Potter-Romanen und wurde bereits 2005 in den USA von Studenten als echter Sport in die Realität umgesetzt. Seitdem wächst der Sport weltweit und wird bereits in knapp 40 Ländern und in über 500 Teams gespielt.

Quidditch ist eine gemischtgeschlechtliche Vollkontaktsportart, die Elemente aus Rugby, Handball und Völkerball vereint. Man merkt schnell, dass es sich dabei um alles andere als einen seichten Fantasyspaß handelt – vor allem, wenn man einmal zugeschaut oder mitgemacht hat.

Der Hamburger Quidditch Club e. V. wurde am 17.12.2016 gegründet und war damit der erste exklusive Quidditch-Verein Deutschlands. Mit seinem Erwachsenen-Team, den »Hamburg Werewolves« konnte der Verein bereits zwei Nordligasiege in die Hansestadt

holen und sich für den Europapokal 2020 qualifizieren.

Und so funktioniert das Spiel:

Jedes Team hat sieben Spieler*innen auf dem Spielfeld, wobei jede*r dabei eine Stange, den sogenannten »Besen«, zwischen den Beinen halten muss, was zusätzliche Herausforderungen im Spiel bereithält.

Die drei Jäger*innen versuchen, mit dem »Quaffel« durch die gegnerischen Torringe zu werfen. Jedes erfolgreiche Tor gibt 10 Punkte.

Der Hüter bzw. die Hüterin schützt als Torwart die eigenen Torringe, kann aber wie ein Jäger offensiv mitspielen.

Zudem gibt es zwei Treiber*innen pro Team, die mit dem »Klatscher« – von denen es insgesamt 3 im Spiel gibt – Gegner*innen strategisch klug abwerfen. Wenn man vom Klatscher getroffen wurde, muss man vom Besen absteigen und zurück zu den eigenen Torringen laufen und diese berühren, bevor man erneut ins Spiel darf.

Der Sucher bzw. die Sucherin betritt in der 18. Minute das Spielfeld, um den »Schnatz« zu fangen. Der »Schnatz« ist ein Ball, der hinten an der Hose des neutralen Schnatzläufers befestigt ist. Ein erfolgreicher Schnatzfang ergibt 30 Punkte und beendet das Spiel.

Das Team, welches nach dem Schnatzfang die meisten Punkte hat, gewinnt das Spiel.

Anna, du bist Vorsitzende des Hamburger Quidditch-Vereins. Wie bist du zu dieser Sportart gekommen?

Ich war 2016 als Zuschauerin bei der WM in Frankfurt und der Sport hat mich so begeistert, dass ich wenig später selbst angefangen habe, zu spielen.

»Quidditch? Ist das nicht das aus Harry Potter?« Kannst du die Frage noch hören?

Mir macht die Frage weniger aus als den Leuten, die den Sport komplett ohne Harry-Potter-Bezug angefangen haben. Aber man bekommt schon immer die gleichen Fragen gestellt, zum Beispiel: »Aber wie funktioniert das, wenn ihr nicht fliegen könnt?«

Was ist das Besondere am Quidditch und wie unterscheidet sich die Sportart von anderen?

Aus sportlicher Sicht ist der gemischtgeschlechtliche Vollkontaktsport das Besondere, das gibt es so sonst nicht. Außerdem ist Quidditch nicht nur körperlich, sondern auch mental fordernd, da man viele verschiedene Elemente im Blick behalten muss. Wirklich besonders ist aber die Community, die Freundschaft unter den Teams und die Möglichkeit wundervolle Menschen aus aller Welt kennenzulernen.

Mein Buch heißt ja »Hamburgliebe«. Bist du verliebt in Hamburg?

Absolut. Es ist halt einfach eine der schönsten Städte der Welt.

Anna mal nicht beim Sport. Wo trifft man dich und wo sicher nicht?

Ich verbringe viel Zeit an der Uni oder in den Öffis auf dem Weg zur Uni. Sicher trifft man mich nicht bei einem Fußballspiel.

Hast du einen persönlichen Tipp, was man in der Hansestadt auf keinen Fall verpassen sollte?

Man sollte unbedingt von Övelgönne zu den Landungsbrücken spazieren und auf dem Weg den Ausblick auf den Hafen vom Gebäude der Nordakademie genießen und im Frühjahr während der Apfelernte eine Fahrradtour durchs Alte Land machen. Über die Alster paddeln oder Tretboot fahren, ist auch wunderbar. Wer zu viel Geld für großartiges Es-

sen ausgeben will, sollte in Klein Flottbek im Tapas-Restaurant »Zur Flottbeker Schmiede« essen gehen. Großartiges Essen für weniger Geld gibt es im »Erdapfel« in der Nähe vom Chilehaus.

Außerdem empfehle ich die Eisdiele »Eiszeit«, Frühstück bei »Mikkels« in Altona und »Pink Ribbon Cupcakes« (auch vegan!) am Hauptbahnhof.

HAMBURG LIEBE HAT TRADITION

Shanty-Chor »De Tampentrekker«

Eine sehr schöne Tradition pflegt der deutschlandweit bekannte Shanty-Chor »De Tampentrekker«. Die Mitglieder haben viele Erfolge zu verzeichnen. Vom ehemaligen ersten Bürgermeister Runde bekamen sie den Ehrentitel »Musikalischer Botschafter der Freien und Hansestadt Hamburg« verliehen – das ist ihre liebste Anerkennung. In Deutschland ist der Chor schon in jedem Bundesland außer Hessen aufgetreten.

Wie kam es zur Gründung des Chores?

Im Oktober 1976 fuhren acht Bundeswehrreservisten auf Einladung der »Unteroffiziersgesellschaft Steiermark« nach Graz. In fröhlicher Runde wurden die Hamburger gebeten, doch Hamburger Lieder zum Besten zu geben. »Rolling home«, »Nordseewellen« und »De Hamborger Veermaster« kamen so gut an, dass sie am nächsten Abend auf Schloss Ehrenhausen bei einer Einladung spontan noch einmal sangen. Zuhause in Hamburg beschlossen sie: »Wir machen weiter und gründen einen Shanty-Chor.«

»De Tampentrekker« sind für die musikalische Begleitung bei der Sendung »Inas Nacht« zuständig, sie spielten auf dem 70. Geburtstag von Uwe Seeler beim HSV oder auf der »Rickmer Rickmers«. Frei nach dem Motto: Musik verbindet, besonders wenn sie von Herzen kommt.

Interview mit Hartmut Großmann, Pressesprecher »De Tampentrekker«

Seit seiner Pensionierung als Lehrer für Englisch und Sport schreibt er plattdeutsche Geschichten und gibt Plattdeutschunterricht im Kindergarten, in der Grundschule und an der Volkshochschule. Hartmut Großmann ist seit 1999 Mitglied des Shanty-Chors.

Herr Großmann, wie kam es zu der Idee, Mitglied im Shanty-Chor zu werden?

Im Februar 1999 waren ein Kollege und ich mit unseren Frauen zu einer Silberhochzeit eingeladen, wo die »Tampentrekker« einen Auftritt hatten. Da für uns beide die Pensionierung nicht in allzu weiter Ferne lag, fragten unsere Frauen, ob es nicht eine gute Idee sei, in diesem Chor mitzusingen, zumal er uns in seiner Frische ausgesprochen gut gefiel. Am nächsten Übungsabend waren wir dabei und wurden auch bald schon als Mitglieder aufgenommen. Da ich meine sportlichen Aktivitäten sowieso einschränken musste, kam mir diese Alternative (neben anderen) sehr gelegen. Und da ich nach 20 Jahren immer noch mit Freude dabei bin, kann man ermessen, dass die damalige Entscheidung richtig war.

Haben Sie ein Lieblingslied aus dem Repertoire der »Tampentrekker«?

Neben vielen anderen sicher der Klassiker »Rolling Home«.

Sie sind Lehrer für Plattdeutsch. Gibt es einen Satz auf Platt, den man sich unbedingt merken sollte?

Plattdeutsche Sätze hätte ich

drei zur Auswahl (es könnten auch noch mehr sein):

Plietsch mutt'n ween – klook sünd se all.

Wat den een' sien Uul, is den annern sien Nachtigall.

Wenn de Fisch doot is, helpt dat Water nix.

Sie haben auch selbst zwei Bücher geschrieben.

»Düt un dat – un süs noch wat« und »För kommodige Stünnen«. Beide Bücher sind vergriffen.

Wie viele Mitglieder hat der Shanty-Chor?

Wir sind zurzeit 38 Sänger, davon sind etwa 12 Solisten und 5 Instrumentalisten. Unser Chorleiter ist Tim Hußmann, der auch das Akkordeon spielt.

Woher kommt der Name der Shantys?

Der Name »Tampentrekker« setzt sich zwar aus den Worten »Tampen« und »trecken« zusammen, ist aber ein Kunstwort. Es soll versinnbildlichen, dass die

Sänger alle zusammen an einem Seil in eine Richtung ziehen. Es sorgt immer für Heiterkeit, wenn wir alle zusammen mit den Tampen über den Schultern einmarschieren.

Mein Buch heißt »Hamburgliebe«. Sind sie verliebt in Hamburg?

Wo Hamburg für mich besonders schön ist: am Hafen, angefangen von der Speicherstadt über die Elbphilharmonie und hoch zum Michel, an den Landungsbrücken bis zur Fischauktionshalle und weiter zum Schellfischposten. Wir dürfen schon seit über 20 Jahren jedes Jahr den Eröffnungsgottesdienst im Michel zum Hafengeburtstag mitgestalten. Vor dem Fenster des Schellfischpostens stehen wir für die Sendung »Inas Nacht« bereits seit 2007. Bis jetzt waren es etwa 140 Aufnahmen. Ob das anstrengend ist? Ja, aber meistens auch unterhaltsam.

Was darf man in Hamburg auf keinen Fall verpassen?

Was man sich nicht entgehen lassen sollte: natürlich den Besuch der Elbphilharmonie. In kleinerem Rahmen lohnen sich Besichtigungen der »Rickmer Rickmers«, der »Cap San Diego« und des Museumshafens Övelgönne. Was soll ich noch alles erwähnen? Die Alster, das Rathaus, und vieles mehr.

Schiffsbegrüßungsanlage »Willkomm Höft«

Eine besonders schöne Tradition begegnet uns, wenn wir Hamburg verlassen und uns nach Wedel aufmachen. Die Stadt Wedel gehört zum Kreis Pinneberg und dort am Elbufer im Stadtteil Schulau liegt das »Schulauer Fährhaus« mit der angrenzenden Schiffbegrüßungsanlage, dem »Willkomm Höft«.

Der diensthabende Kapitän sitzt dort in einem Häuschen und begrüßt und verabschiedet die großen Pötte, die nach Hamburg fahren oder die Stadt verlassen.

Passiert ein Schiff das Schulauer Fährhaus, senkt sich Hamburger Flagge (im Fachjargon »gedippt«) und die UW-Flagge wird gehisst, was so viel heißt wie: »Wir wünschen eine gute Reise.« Zudem ertönt bei den großen Container- oder Kreuzfahrtschiffen auch Musik, die der Diensthabende auswählt. Kommt das Schiff von der Nordsee und steuert den Hamburger Hafen an, hört man zum Beispiel Wagners »Steuermann lass die Wacht!« oder die Hamburg-Hymne »Hammonia«.

Danach wird das Schiff über Lautsprecher mit den Worten »Willkommen in Hamburg, wir freuen uns, Sie im Hamburger Hafen begrüßen zu dürfen« empfangen. Die Begrüßung wird auch in der Landessprache des Schiffes wiederholt.

Beim Abschied der Schiffe ertönt oft »Muss i denn zum Städele hinaus« und es wird die jeweilige Nationalhymne des Heimatlandes gespielt. Über 150 Nationalhymnen hat die Begrüßungsanlage im Repertoire. In der Anfangszeit wurden diese noch live von einem Chor gesungen.

Der Kapitän verliest über den Lautsprecher unter anderem Infos zum Namen des Schiffes, zum Heimathafen, Baujahr und zur Geschwindigkeit.

Die Begrüßungsanlage, die schon seit 1952 in Betrieb ist, ist weltweit einzigartig. Welche Schiffe ankommen, kann man über die Seite Hafenradar.de erfahren.

Interview mit Klaus Lang von Elbekunst

Klaus, deine Leidenschaft für Kunst hat in deiner Zeit als Kriminalbeamter bei der Suche nach einer Mordwaffe angefangen. Wie kam es dazu?

Ein des Mordes angeklagter Mensch gab zu Protokoll, dass er die Mordwaffe, ein Messer, an einer ihm noch bewussten Stelle ins trübe Wasser der Elbe versenkt

habe. Die Chance, dieses Messer als wichtiges Beweismittel zu finden, schien nicht aussichtslos zu sein. Der Kampfmittelräumdienst der Feuerwehr hatte eine Barkasse mit einem am Heck befestigten großen Magneten, der vielleicht einen Meter im Durchmesser groß war. Der wurde an der vorausbestimmten Stelle ins Wasser versenkt und wieder hochgezogen. Da hingen sie dran, Eisenteile aller Art und eben auch solche, die ich mit großen Augen betrachtete: Rohrstücke, Töpfe, Schekel, Ketten, Nägel, Hausrat und vieles mehr. Sogar ein Messer war dabei – aber leider nicht das gesuchte Messer, die Mordwaffe. Die am Magnet hängenden Teile ließ man lieblos in eine Schute poltern und degradierte sie zu Gerümpel und Schrott. Das war die Stunde, in der ich beschloss, nun selbst an den Gestaden der Elbe zu suchen, ausgerüstet mit Handschuhen und Tidenkalender, also bei Ebbe, um solcherlei Schätze zu bergen und zu dem zu verarbeiten, was als »Kunst aus der Elbe« zu sehen und anzufassen ist.

Bei Ebbe bist du nun an der Elbe unterwegs und sammelst Sachen, die du für deine Kunstobjekte verwenden kannst. Über welches Fundstück warst selbst du verwundert?

Am Südufer der Elbe fand ich eines Tages eine Nähmaschine, verkrustet, verschlickt und leider nicht mehr gebrauchsfähig. Auch war die Marke, ob Singer, Naumann, Adler oder Pfaff, nicht mehr erkennbar. Wie sie dorthin gekommen sein mag, erfuhr ich viel später: Hamburgs Trümmerschutt nach der Bombardierung und nach Ende des Krieges musste irgendwo schnell entsorgt werden, da war das Südufer der Elbe im Alten Land gerade recht. Kein Wunder, dass ich dort auch viele andere Gerätschaften aus Hamburger Haushalten fand, also Gabeln, Löffel, Zangen, Scharniere, Türgriffe und -beschläge, Töpfe, Nägel, Kacheln, zerschmolzenes Glas und viele solcher Dinge mehr.

Der Wandel des Stadtbildes macht auch vor dir nicht halt. Deine Werkstatt wird plattgemacht und es soll dort Wohnraum entstehen. Wie denkst du darüber und wie geht es mit deiner Kunst weiter?

Heutzutage nennt man es Verdichtung, wenn Garagen- und Werkstatthöfe abgerissen und Grünanlagen geschreddert werden, um neuen teuren Wohnraum zu schaffen. Einerseits bin ich traurig, meinem Hobby »Elbekunst« nicht mehr so nachgehen zu können, wie ich es mehr als 25 Jahre getan habe. Andrerseits steht die Tür offen für neue kreative Ideen, bei denen ich ohne Schweißgerät und Winkelschleifer auskommen muss. Vielleicht komme ich auch dem Horror zuvor, dass ich mir mit zittriger 79-jähriger Hand einen Bohrer in die Hand jage oder an der Kreissäge eines Fingers verlustig werde. »Jedem Anfang wohnt ein Zauber inne«, sinnierte schon Hermann Hesse.

Apropos Wasser: Wo ist es für dich in Hamburg am Wasser am schönsten?

Oh, da gibt es einige schöne Plätze! Am Südufer des Hafens liegt eine Brachfläche (wer weiß, wie lange noch?), auf der es sich vortrefflich picknicken lässt, mit freiem Blick auf die Elbphilharmonie, die Kirchtürme der Stadt, eingerahmt von Kränen eines Umschlagplatzes für Container und Stückgut. Am Südausgang des Alten Elbtunnels, gegenüber den Landungsbrücken, gibt es sogar eine Imbissbude. Und wenn erst einmal die »Queen Mary 2« gleich nebenan bei der Werft Blohm + Voss eingedockt wird, geht es kaum grandioser! Sehr schön ist es am Strand von Blankenese mit

Eine kleine vor der großen Elbphilharmonie.

seinem Treppenviertel im Rücken, sodass man glaubt, in Süditalien zu sein, nur dass es dort keine Krabbenbrötchen gibt – in Blankenese aber schon! Ein Stück weiter elbabwärts Richtung *Mündung* liegt der breite weiße Strand von Wittenbergen mit seinem rot-weißen Leuchtturm mit besten Plätzen für ein Picknick und dem Blick auf die untergehende Sonne. Auf dem Elbstrom ziehen währenddessen riesengroße Containerschiffe und auch mal ein Kreuzfahrtschiff vorbei. Südseefeeling!

Und noch weiter elbabwärts lohnt die kleine Hafen- und

Strandpromenade von Kollmar bei Glückstadt einen Ausflug, auch wenn sie nicht mehr zu Hamburg gehört. Hier kommt alles zusammen: die Breite der Unterelbe mit den großen und kleinen Schiffen, weißer Strand, ein Schilfgürtel mit Wanderpfad, der grüner Deich mit Schafen, dahinter strohdachgedeckte Häuschen und natürlich auch der Sonnenuntergang im Westen, wenn es nicht gerade regnet, was ja in Hamburg gar nicht so oft vorkommt.

Du lebst nun schon so lange in Hamburg. Da bietet sich die Frage an: Was darf man deiner Meinung nach in Hamburg nicht verpassen?

Auch hier gibt es bekannte und versteckte Schätze:

Da sind die vielen Kanäle, Fleete, Flüsschen und Wasserstraßen aller Art, die in der ganzen Stadt zu finden sind. Sie werden von etwa 2.500 Brücken überspannt, das sind mehr als sonst in Europa, Venedig oder Amsterdam eingeschlossen. Von der Aussichtsplattform des Planetariums im Stadtpark kann man den Blick über ein grünes Meer von Bäumen schweifen lassen. In den Fischhallen in Altona sollte man ein Fischoder Krabbenbrötchen genießen und sich dazu ein Glas Weißwein oder Prosecco gönnen, besser geht ein »Zwischendurchimbiss« nicht.

Junge Menschen treffen sich liebend gern an der »Strandperle« hinter dem Fähranleger Neumühlen / Museumshafen bei einem Aperol Spritz, einem Sekt oder auch einer Knolle Astra-Bier.

Die Plaza auf halber Höhe der Elbphilharmonie lohnt sich mit einem Ausblick auf den Hafen und die Innenstadt. Wer Glück und Geduld hat, ergattert vielleicht auch ein Ticket für ein Konzert im Großen Saal des neuen Hinguckers. Die Akustik wird allgemein als fantastisch beschrieben. Wer kennt schon die Wasserkunst auf der Elbinsel Kaltehofe im Ortsteil Rothenburgsort? Fast 100 Jahre lang versorgte die »Langsamsandfiltrationsanlage« auf Kaltehofe die Hansestadt mit sauberem Trinkwasser. Sie war nach dem Ausbruch der Cholera 1892 notwendig geworden. Übrig geblieben ist ein Industriedenkmal, bestehend aus 20 Filterbecken, in denen sich Wasservögel ungestört fühlen, und beidseitig architektonisch reizvollen »Schieberhäuschen« – alles ist eingebettet in einen neu angelegten Naturpark. Europas größte Flussinsel Wilhelmsburg liegt eingebettet zwischen der Norderelbe und der Süderelbe bzw. dem Köhlbrand, der elbaufwärts führenden Wasserstraße. Der Stadtteil gilt als »multikulti«, da mehr als 70 Prozent der Bevölkerung einen Migrationshintergrund hat. Mittendrin ein erhebt sich ein besonderes Bauwerk. Aus einem hohen Flakbunker, ein Relikt des Zweiten Weltkrieges, ist ein Energiebunker und lokales Kraftwerk entstanden, in dem erneuerbare Energien produziert werden. Zugleich bietet das Gebäude mit einem 360-Grad-Rundblick einen der besten Aussichtspunkte im Hamburger Süden. Ein recht neuer Hingucker ist die U-Bahn-Endhaltestelle der U 4 direkt an den Elbbrücken. Die Architekten haben mit ihr einen filigran-gläsernen lichten Bau geschaffen. Nicht weit entfernt von der Haltestelle liegt der Baakenpark mit seinem 15 Meter(!) hohen Himmelsberg, auch Mount HafenCity genannt. Es ist ein künstlicher Aussichtspunkt mit Blick zu den Elbbrücken und zur anderen Seite über das neu entstehende

Baakenquartier bis hin zur Elbphilharmonie.

Wenn dich eine Hamburger Persönlichkeit einen Tag lang bei deinen Spaziergängen begleiten könnte, wer wäre das und warum?

Vielleicht eine der hübschen Moderatorinnen vom Hamburg-Journal des lokalen Fernsehsenders NDR. Vor langer Zeit begleitete mich eine von ihnen bei meiner Suche nach Elbfundstücken im Becken des Grasbrookhafens, genau unterhalb der Stelle, an der jetzt die Elbphilharmonie thront.

Man sagt, in Städten mit Hafen haben die Menschen noch Träume. Welchen Traum möchtest du dir erfüllen?

Zunächst einmal: Wovon ich gar nicht träume, ist eine Kreuzfahrt mit einem megagroßen Hotelschiff. Das ist mir zu sehr Großstadt und Hochhaus auf dem Wasser. Also: »Aida blue« ade! Ich habe aber einen Traum, der sich durchaus realisieren lässt: Ich würde gern zum vierten Mal nach Schottland mit seinen traumhaft schönen Highlands, den Schlössern, verwunschenen kleinen Häfen, glasklaren Flüssen, mystischen Heidelandschaften und seiner wechselvollen und teils mörderischen Geschichte reisen. In den Häfen barg ich übrigens das eine oder andere Fundstück, das ich in meinen Objekten »Elbekunst« verarbeiten konnte – schließlich haben Nordsee und Elbe ja eine Verbindung.

Der Alte Elbtunnel

Der Alte Elbtunnel, oder auch St.-Pauli-Elbtunnel genannt, verbindet die Landungsbrücken mit Steinwerder. 1911 wurde der 426 Meter lange Tunnel ursprünglich für Hafen-und Werftarbeiter gebaut und war mit seiner 24-Meter-Röhre unter der Erde die erste Flussuntertunnelung in der Geschichte Europas.

Von den Landungsbrücken aus betritt man das Gebäude mit der grünen Kuppel und wird dann von Aufzügen in die Tiefe gebracht. Für Fahrradfahrer und Fußgänger ist der Eintritt frei, PKW bezahlen 2 Euro pro Tour. Seit 2003 steht der Elbtunnel unter Denkmalschutz. Zu Recht, denn so eine besondere Stimmung wie dort findet man selten. Die Oströhre des Tunnels wurde bereits in 8,5 Jahren aufwendig saniert. Der Tunnel bekam neue Wandfliesen mit Tiermotiven, man sanierte Lampen und die Fahrbahn und 200.000 Nieten-und Schraubverdichtungen wurden erneuert. Zur Wiedereröffnung der Oströhre spielte ein Orchester mit 144 Personen die »Tunnel-Symphonie«. Nun steht die Sanierung der Weströhre an. Sie soll 100 Millionen Euro kosten, doch ob es dabei bleibt, wird man wohl erst zum Ende hin wissen. Der Elbtunnel trägt den Titel »Historisches Wahrzeichen der Ingenieurbaukunst in Deutschland«, und bekannte Filme wie »Der amerikanische Freund« zeigen Szenen aus dem Tunnel.

Interview mit Daniel Frahm – freier Historiker

Herr Frahm, Sie haben für die »Hamburg Port Authority« eine Ausstellung über den Alten Elbtunnel organisiert und eröffnet. Alles begann mit einem Dachbodenfund. Würden Sie uns davon erzählen?

Aufmerksame Mitarbeiter haben auf dem Dachboden des Tunnel-Kraftwerks Kisten und Kästen mit vielen, lange vergessenen Dokumenten zum Bau und Betrieb des Elbtunnels gefunden. Hunderte Fotos und Postkarten, die den Hafen und Warenumschlag ab etwa 1880 zeigen. Dazu Bauzeichnungen, Konstruktionspläne, Verträge mit Baufirmen und nicht zuletzt Fotos vom Bau des Tunnels, die etwa 130 Jahre Hafengeschichte dokumentieren. Es war sehr spannend, diesen Fund wissenschaftlich zu bearbeiten. Er ist die Grundlage für die Ausstellung über die Geschichte des Alten Elbtunnels.

Der Alte Elbtunnel ist ein historisch sehr bedeutendes Bauwerk. Was sollte man bei einem Besuch dort auf keinen Fall übersehen und wo lohnt es sich, genauer hinzublicken?

Es lohnt sich, den Tunnel in sei-

nen unterschiedlichen Facetten zu betrachten. Er ist ein Meisterwerk der Ingenieurbaukunst mit herausragender Technik, bestechender Architektur und er ist bis ins kleinste Detail künstlerisch ausgearbeitet und verziert. Es wurden umfassende Bemühungen unternommen, um den Elbtunnel als historisches Bauwerk denkmalgerecht zu erhalten und der Öffentlichkeit nutzbar zu machen.

Die Keramikfiguren sind sicherlich ein optisches Highlight. Sie zeigen verschiedene Meeres- und Wasserbewohner vom Seehund bis zum Seestern. Und es gibt eine Fliese, die den leitenden Ingenieur Otto Stockhausen mit seiner Frau Elisabeth zeigt. Wo die ist, verrate ich aber mal nicht, denn es lohnt sich, sie zu suchen.

Gibt es einen besonderen »Fact« über den Elbtunnel, den man unbedingt wissen sollte?

Er ist der erste Unterwassertunnel auf dem europäischen Festland. Er wurde im damals hochmodernen und noch heute genutzten Schildvortriebverfahren gebaut. Dabei wurde unter Überdruck in einer riesigen Kammer gebaut, um das Wasser aus der Baustelle herauszupressen. Die Arbeiter mussten sich in einer Luftschleuse dem Druck anpassen. Sie wurden vom sogenannten »Pressluftarzt« Arthur Bornstein und seiner Frau Olga überwacht, die die Auswirkungen von Druckluft auf den Körper erstmals wissenschaftlich untersuchten. Taucher profitieren also bis heute vom Bau des Elbtunnels und den Forschungen Bornsteins.

Mit welcher Hamburger Persönlichkeit würden Sie gerne einmal durch den Elbtunnel spazieren und warum?

Die klassische Antwort würde wohl lauten: mit Helmut Schmidt und dabei eine schmöken. Viel lieber aber würde ich mit einem Hafen- oder Werftarbeiter auf dem Weg zu seiner Schicht im Jahr 1900 durch den Tunnel laufen, während er mir etwas über die harte Arbeit und das Leben um die Jahrhundertwende erzählt.

Als Historiker haben Sie bestimmt auch noch andere Lieblingsbauwerke in Hamburg, oder?

Eigentlich gibt es an vielen Ecken etwas zu entdecken. Besonders haben es mir die Bauwerke angetan, die Veränderungen im Alltagsleben bewirken: die U-Bahn mit ihren zum Teil über 100 Jahre alten Haltestellen oder Wohnhäuser von 1900, neben denen Wohnarchitektur der 1950er-Jahre das Bild auflockert, so wie man es rund um die Grindelhochhäuser bewundern kann. Diese Brüche und Wandlungen machen Hamburg so spannend.

Wo trifft man Sie privat und wo eher nicht?

Der Kiez mit der Reeperbahn oder der Elbstrand – das sind keine Gegenden für mich. Ich mag es eher wenig touristisch: zum Beispiel auf dem Goldbekmarkt oder im Millerntorstadion des FC St. Pauli.

Mein Buch heißt »Hamburgliebe«. Sind Sie verliebt in die Stadt?

Unbedingt! Das liegt an der Mischung aus spannender Geschichte, vielfältiger Architektur, stetigem Wandel, Weltoffenheit und einer guten Prise menschlicher Zurückhaltung.

LITERATUR

Quellenangaben / Literaturhinweise / weiterführende Literatur

Renate Herrmann-Winter, Plattdeutsch-hochdeutsches Wörterbuch, 7. Auflage, Hinstorff, 2017

Paul Möhring, Hummel! Hummel!: Hamburgs weltberühmtes Original, Husum, Hansaverlag, 1984

Helmut Glück, unter Mitarbeit von Friederike Schmöe, Metzler Lexikon Sprache, Stuttgart / Weimar, J. B. Metzler, 2005

Klaus Siewert, Die Kedelkloppersprook-Geheimsprache aus dem Hamburger Hafen, Geheimsprachen Verlag, 2009

Klaus Siewert, Hamburgs Nachtjargon: die Sprache auf dem Kiez in St. Pauli. Mit einer CD »Nachtjargon in vergessenen Hamburger Liedern«, Geheimsprachen Verlag, 2009

Rocko Schamoni, Große Freiheit, hanserblau, 2019

Ariane Barth, Im Rotlicht: Das explosive Leben des Stefan Hentschel, Ullstein, 2004

Candy Bukowski, Wir waren keine Helden, Edel Elements, 2018

Candy Bukowski, Der beste Suizid ist immer noch sich tot zu leben, Edel Elements, 2018

Candy Bukowski, Eine neutrale Tüte bitte! Menschen im Sexshop: Stories, Acabus Verlag, 2019

Hans-Christoph Blumenberg, In meinem Herzen Schatz … Die Lebensreise des Schauspieler und Sängers Hans Albers, Fischer Digital, 2016

Cornelius Hartz, 55 ½ Orte um die Reeperbahn, die man gesehen haben muss, emons:, 2015

Alexander Gundermann, Karsten Gundermann, Echt clever! Geniale Erfindungen aus Hamburg, Wartberg Verlag, 2019

Gabriele Dummschat, Klaus Störtebeker und die Hanse: Seefahrt und Piratenleben, Hirnstorff Verlag, 2016

Heinz Strunk, Der Goldene Handschuh, rowohlt, 2016

Daniel Schmidt, Elbschlosskeller Kein Roman, Edel Books 2019

Christian Thiele, Interviews führen, UVK, 2013

Waldemar Paulsen, Meine Davidwache, Rowohlt, 2012

Filme

Helmut Käutner, 1943 / 1944, Große Freiheit Nr. 7, Terra Film-kunst GmbH (Berlin)

Josef von Sternberg, Erich Pommer, 1930, Der blaue Engel, Deutschland

Iain Softley, Backbeat, 1994, Großbritannien

Weblinks

Jana Gerlach, »Wahlplakate sind unkonkreter Einheitsbrei«, 2008 unter: https://www.welt.de/regionales/hamburg/article1590047/Wahlplakate-sind-unkonkreter-Einheitsbrei.html (abgerufen 1.2.2019)

Beatrix Hasse, »Auf den Spuren der Beatles in Hamburg«, 2012 unter: https://www.ndr.de/ratgeber/reise/hamburg/Auf-Spuren-der-Beatles-in-Hamburg,beatleshamburg100.html (abgerufen 3.2.2019)

Handelskammer Hamburg, »Hamburg und seine Patente«, unter: https://www.hk24.de/produktmarken/beratung-service/innovation/wissenschaftsstandort/hamburg-patente-4083360#titleInTexto (abgerufen 5.2.2019)

Bildnachweise

Stefanie Thiele, S. 12, S. 25 S. 50, S. 52, S. 53, S. 54, S. 55, S. 56, S. 79, S. 83, S. 92, S. 93, S. 94, S. 97, S. 104, S. 105, S. 113, S. 131, S. 138, S. 139, S. 145

Stefan Thurmann, S. 13

Susanne Krieg, S. 17, S. 18, S. 19, S. 21, S. 22

Babette Opunkt S. 26, S. 33

Dieter Klinkowski S. 35

Lisa Knauer S. 37, S. 38

Stephan Bestmann S. 39

Didgeman, Thomas B. S. 40 / 41, S. 84

Alexander Fradellafra S. 43

Noah von Berg S. 44, S. 47

Pixabay S. 49, S. 61, S. 91, S. 101, S. 103

Lena Marske S. 57, S. 59

Ralf Oreskovic S. 61

Henning Westerkamp S. 61

Loren Elkin S. 61

Julian Schramm und Tobias Adam S. 63, S. 64, S. 65, S. 66

Pexels S. 67

Beiersdorf AG S. 67

Madeleine Gräfin von Hohenthal S. 68, S. 69, S. 71

Uwe Baumann S. 72

Susann Mielke S. 72

Simone Brede und Stefan Stegner S. 73, S. 74, S. 76

Hat Ihnen dieses Buch gefallen?

Dann würden wir uns über Ihre Weiterempfehlung freuen.
Damit helfen Sie uns als engagiertem Verlag!

Berichten Sie in Ihrem Freundeskreis darüber, erzählen Sie
Ihrem Buchhändler davon oder bewerten Sie online im Falle
eines Internetkaufes.

Und wenn Sie Kritik, Korrekturen oder Anregungen haben,
freuen wir uns sehr über Ihre Nachricht an:

Buch&media GmbH
Merianstraße 24
80637 München

oder per E-Mail an info@buchmedia-publishing.de.

Telefonisch können Sie uns erreichen unter 089 13 92 90 46.